AUS MECKLENBURGS VORZEIT
Sagen - Geschichten - Aberglauben

Das Buch

Dem Buch liegt das Unikat eines handgeschriebenen Notizbuches zugrunde: „Aus Mecklenburgs Vorzeit - gesammelt und aufgeschrieben für Kind und Kindeskind von der 84jährigen Urgroßmutter Bernhardine Schencke. 1895." Frau Schencke hat mit ihrem Manuskript eine Sammlung von Sagen, Geschichten und abergläubischen Sprüchen aus dem Land Mecklenburg hinterlassen, welche nunmehr der Öffentlichkeit zugänglich gemacht werden.

Die Autorin

Über das Leben und Werk von Frau Bernhardine Schencke liegen dem Herausgeber leider keine näheren Informationen vor. Sie hat sich mit der Sammlung und Überlieferung Mecklenburgischer Sagen und Geschichten verdient gemacht.

Der Herausgeber

Handschriften haben ihren Reiz nicht zuletzt in ihrer Einmaligkeit. Und doch ist es gerade auch ihre Authentizität, die dazu einlädt, den Leser an den Aufzeichnungen längst von uns gegangener Zeitzeugen teilhaben zu lassen. Dieses hat sich der Herausgeber (Bent M. Scharfenberg, geb. 1968 in Berlin, Dipl.-Kfm.) zur Leidenschaft und Aufgabe gemacht. Schwerpunkt seiner Arbeit sind Manuskripte alter Reisen sowie heimatgeschichtliche, medizinische und okkulte Texte.

Einen Verweis auf weitere Bücher
des Herausgebers finden Sie
am Ende des Buches.

Bent M. Scharfenberg (Hrsg.)

Bernhardine Schencke

AUS MECKLENBURGS VORZEIT
Sagen - Geschichten - Aberglauben

**Herausgegeben nach den
handgeschriebenen Aufzeichnungen
Bernhardine Schenckes
aus dem Jahre 1895.**

© Bent M. Scharfenberg (Hrsg.)
Umschlaggestaltung, Satz und Layout: Bent M. Scharfenberg
Herstellung: Books on Demand GmbH, Norderstedt
Berlin 2003

ISBN 3-8330-0724-9

Inhaltsverzeichnis

Vorwort des Herausgebers 9

Aus Mecklenburgs Vorzeit 11

Mecklenburg 11
Der Teufel 12
Der Kampf mit den Lindwürmern 12
Frau Wehl 13
Die Männchen vom Petersberg 14
Der Nachtwächter von Peccatel 14
Der Wod 15
Frau Goden 15
Räuber Röpke 16
Die Eiche von Gaedebehn 17
Die Streiteiche 17
Die Schweriner Glocke 18
Der Schatz auf der Fischerinsel zu Pinnow 18
Der Ritter und das Burgfräulein 19
Die Domkirche zu Ratzeburg 20
Die Räuber von Gadebusch 20
Die tanzenden Mädchen 21
Der Stein der Riesen 21
Der wilde Jäger 22
Die Schlangenkönigin 23
Die Hünen 23
Die Hexe 24
Der Schäfer und das Meer 25
Das Schiff aus Indien 25
Die Baugeister 26
Das Klopfen 27
Der Poltergeist 28
Das Nonnenkloster 29

Die Wundereiche 29
Der Kirchenraub 30
Der gehörnte Hase 30
Das Schloß vom Rübensee 31
Der Glauben an die Sympathie 32
Der trunkene Ritter 33
Das schwarze Huhn 33
Der Gregorstag 34
Die Wahl des Nachtwächters 34
Die Stadtgrenze 35
Milde Gaben 35
Die Bettelei 35
Hochzeit auf dem Lande 35
Die Glocke von Prillwitz 37
Das furchtbare Gewitter 38
Mord und Todtschlag 39
Die drei steinernen Kuchen 40
Räuber Wockerpennig 41
Die Wegelagerer 42
Die Klosterkirche 43
Der Fürst der Obotriten 44
Der Jungfrauenbrunnen 45
Der schwarze See 46
Die Inselsbrücke 46
Die Prophezeiung 49
Der Sturm 50
Die Teufelsglocke 50
Das Gottesurteil 51
Brot bis in den Tod 53
Die Sauglocke 54
Die Kraft der Quelle 54
Träume sind Schäume 56
Die Begnadigung 57
Das Maaß ist voll 58
Der Klatthammel 60

Die Tollense-Fischer 60
Die Unterirdischen 61
Der Riß in der Mauer 62
Der Gehängte 63
Am Brautwagen 64
Die Jungfrau vom Schloßberg 65
Der Anker 66
Die ewige Blüse 67
Der Kreuzknoten 68
Ritter Kuno 69
Die Fehde 72
Das Petermännchen 74
Der Diebstahl 75
Der goldene Kamm 76
Seeräuber Bruhns 77
Das Dükemütterchen 78
Der Werwolf 79
Das Alraunmännchen 80
Die weiße Frau 80
Der nächtliche Spuk 81
Die alten Eichen 83
Das bleiche Mädchen 83
Der Lehnbrief 84
Der Spuk im Herrenhaus 85
Das Messingtöpfchen 86
Die alte Mühle 87
Der Glücksberg 87
Die Kirchenglocke 89
Die Nixe 90
Die drei kleinen Männchen 91
Das Glockenläuten 92
Das Unglück 93
Der Frevel 94
Die Schlittenfahrt 95
Das Feuer 96

Die Scheideglocken 97
Die alte Kapelle 97
Der Verdacht 98
Der Fußsteig 99
Die weiße Taube 100
Der Unken 100
Die Natur der Geister 101
Der rothe Fleck 103
Der Sonnenstaub 104
Die alten Jungfern 104
Das Ende der Welt 105
Peter Muggel 105
Die Thränen 106
Der heilige Hirsch 107
Der Apfel 107
Das ausgeschlagene Auge 108
Die Riesen-Knochen 108
Das Osterfest 108
Das Federn-Reißen 109

Abergläubische Sprüche 111

Ortsregister 119

8

Vorwort des Herausgebers

Handschriften haben ihren Reiz nicht zuletzt in ihrer Einmaligkeit. Und doch ist es gerade auch ihre Authentizität, die dazu einlädt, den Leser an den Aufzeichnungen längst von uns gegangener Zeitzeugen teilhaben zu lassen.

Dem Buch liegt das Unikat eines handgeschriebenen Notizbuches zugrunde: „Aus Mecklenburgs Vorzeit - gesammelt und aufgeschrieben für Kind und Kindeskind von der 84jährigen Urgroßmutter Bernhardine Schencke. 1895." Frau Schencke hat mit ihrem Manuskript eine Sammlung von Sagen, Geschichten und abergläubischen Sprüchen aus dem Land Mecklenburg hinterlassen, welche nunmehr der Öffentlichkeit zugänglich gemacht werden.

Die vorliegende Ausgabe folgt der seinerzeit gebräuchlichen Schreibweise. Nur in wenigen Ausnahmen wurden ggf. Änderungen der Zeichensetzung vorgenommen. Ein Inhaltsverzeichnis, Überschriften, [Anmerkungen] sowie ein Ortsregister wurden ergänzt.

Wir erfahren von Räubern und Rittern, Feen und Hexen, von verborgenen Schätzen und guten als auch bösen Geistern. Darüber hinaus begegnen uns Menschen mit ihren Sitten und Bräuchen aus vielen Orten der Region. Sie gewähren uns einen Einblick in ihr Leben und die Geschichte Mecklenburgs.

Dank der Aufzeichnungen Frau Bernhardine Schenckes können wir daran teilhaben.

Dieser ehrbaren Frau gebührt mein Dank.

Bent M. Scharfenberg   *Berlin, 2003*

9

Aus Mecklenburgs Vorzeit

Mecklenburg

Da wo jetzt das Kirchdorf Mecklenburg, zwischen dem
Schweriner See und der Stadt Wismar, liegt, erhob sich vor Zeiten eine große Stadt, nach welcher das ganze Land genannt ward,
und soll der Name von Mecheln oder Handeln, oder wie Andere
es meinen, von dem griechischen Worte Megapolis, entstanden
sein, welches eine große Stadt heißt.

Der König Anthyrius, welcher Alexander dem Großen gedient,
soll nach dessen Tode, 336 n. Chr., in diese Gegend gekommen,
diesen Ort erbaut, ihn mit drei königlichen Schlössern versehen
und so groß gemacht haben, daß der Umfang fünf Meilen betrug.
Dieser König hat hier sein Hoflager gehalten, wie auch später
Mistroj, der 986 n. Chr. lebte und hierher seine Residenz verleg-
te.

Als unter den Wenden sich das Christenthum immer mehr aus-
breitete, wurde auch in der Stadt Mecklenburg, dem Apostel Petrus
zu Ehren eine Kirche erbaut und ein Jungfernkloster damit ver-
bunden. Jahrhunderte hindurch verwüsteten dann harte Kriege
die ganze Gegend und die Stadt Mecklenburg wurde um so schwerer dadurch betroffen, weil ihre Größe und besonders ihre Länge
eine Befestigung fast unmöglich machte.

Darum ließ der Graf von Schwerin, Gunzelin II, die Stadt
Wismar erbauen, wohin nach und nach die Einwohner von
Mechelburg sich niederließen, wodurch diese Stadt bald sehr auf-
blühte.

Aber ein Schloß blieb zu Mecklenburg stehen, welches zu zerstören die Wismarschen sich einst unterfingen, mußten es aber
zur Strafe wieder aufbauen. Bald aber wurde das Hoflager nach
Neuburg verlegt und von der alten Herrlichkeit dieser vielberühm-
ten Stadt blieb nichts weiter übrig als was die Sage noch davon
berichtet.

Der Teufel

Der Teufel soll am 1sten Dezember aus dem Himmel gestoßen worden sein und seit der Zeit treibt er sich auf der Erde umher und sieht zu, wie er die Menschen verderben und unglücklich machen kann.

Während seiner Abwesenheit bewacht seine Großmutter die Hölle; sie ist wo möglich noch schlechter wie er und kommt jetzt nur noch selten zu den Menschen, denn sie hat mit ihrem Hüteramte reichlich zu thun. Bei allen schlechten Streichen ist er furchtlos, nur den Hahnenschrei kann er nicht vertragen, er flieht, wenn nicht beim ersten, so doch gewiß beim dritten Mal.

Aber neugierig ist er über alle Puppen; so kam er einst in eine Schmiede und sah, wie der Schmidt das Eisen glühte, da fragte er ihn, was er da mache? Der Schmidt war ein Schelm und antwortete: "Ich mache Gold." Da bat ihn der Teufel, ihm auch davon zu geben, denn die Menschen seien stets darum verlegen und er könne damit gewiß manchen guten Fang thun. Der Schmidt willigte unter der Bedingung ein, daß er ihm dafür auch einmal helfe, wenn er in Noth geriethe. Voll Freude versprach es der Teufel und holte in seinem Eifer selbst die dickste Eisenstange, legte sie ins Feuer und blies nach besten Kräften, bis sie ganz glühend war.

Und als er sie ganz feurig roth sah, meinte er, es sei lauter Gold und griff mit beiden Händen zu; aber er erhob ein schreckliches Geschrei, denn er hatte sich jämmerlich verbrannt; er ließ die Stange fallen und entfloh! Seitdem geht der Teufel allem Eisen weit aus dem Wege!

Der Kampf mit den Lindwürmern

In der Nähe der ehemaligen Landstraße zwischen Neubrandenburg und Stavenhagen liegen drei Berge: der Blocksberg, der Jabsberg und der Lindberg, hier hausten einst Lindwürmer.

Sie glichen, wenn sie ausgestreckt lagen, einer abgehauenen Tanne und waren weit und breit gefürchtet.

Einst fuhr ein Wagen den Weg entlang und traf unweit der Brandmühle einen jungen Lindwurm schlafend quer über den Weg liegend in der Sonne. In der Meinung, es sei ein tannener Stock, fuhr der Kutscher drüber fort und merkte erst an dem Schrei des Thieres, was es sei und fuhr weiter. Der alte Lindwurm aber stürzte auf das Geschrei herbei, fand aber den jungen schon todt. Wüthend fiel er über einen nach Neubrandenburg fahrenden, strohbeladenen Wagen her und wie es der Knecht sah, jagte er schnell weiter und verlor zum Glück den Spannnagel, so daß der Hinterwagen mit dem Stroh stehen blieb und er mit dem leichten Vorderwagen desto schneller vorwärts kam. Zuerst durchwühlte der Lindwurm das Stroh, da er aber Niemand fand, setzte er dem Knechte nach und biß sich, um schneller fortzukommen, in den Schwanz, so daß er wie ein Rad hinter dem Wagen herrollte.

Nur mit der größten Mühe konnte der Knecht noch das Brandenburger Thor erreichen, das man schnell hinter ihm schloß, so daß das Thier draußen blieb. Hier blieb der Lindwurm liegen, hier, wo jetzt die Kirche St. Jürgen steht; kein Neubrandenburger wagte sich hinaus. Ein fremder Prinz hielt sich jetzt gerade in der Stadt auf; er faßte den Entschluß, dem Lindwurm entgegen zu gehen. In hartem Kampfe gelang es dem Prinzen Georg, dem Thiere den Schwanz, in dem seine ganze Stärke ruhte, abzuhauen, worauf er es auch bald erlegte.

Zum Andenken wurde die St. Jürgen-Kirche erbaut, auf derem Altar ein Bild darstellt den Kampf des Prinzen Georg mit dem Lindwurm.

Frau Wehl

Ein Rademacher aus Kobrow hatte die Ausbesserung der Wagen beim Herrn von Pressentin in Leezen übernommen und ging, um Zeit zu gewinnen, den weiten Weg des Nachts, beladen mit seinem Handwerkszeuge.

Zwischen Brütz *[Brüz]* und Leezen hört er plötzlich ein schreckliches Stampfen, Heulen und Toben und sieht eine ganze Meute

Jagdhunde vorüber laufen. Erschrocken blickt er um sich und sieht am Wege Frau Wehl sitzen, die auf ihrer wilden Jagd den Wagen zerbrochen. Sie befiehlt dem geängstigten Mann, eine neue Deichsel einzusetzen, was er auch schnell besorgt, da er ja das Geschirr dazu bei sich hatte. Zum Danke sagte sie, solle er sich die Späne aufsammeln und mit nach Hause nehmen; er zögert, da nimmt sie selbst drei Späne von der Erde auf und steckt sie in seinen Handschuh.

Am Morgen findet er in demselben drei Thaler; schnell begiebt er sich an den Ort, wo er das Holz behauen und die Deichsel hergerichtet hat, aber es hat kein Span mehr dort gelegen.

Die Männchen vom Petersberg

Ein Bauer ritt nach der Godernschen Mühle und kehrte spät in der Nacht zurück. Als er beim Petersberg vorbei kam, der nahe an seinem Wege lag, sah er die Unterirdischen dort allerlei Kurzweil treiben.

Er rief ihnen zu: "Was macht Ihr hier, ihr kleinen Schieldinger?" Aber kaum hatte er diese Worte gesprochen, so fuhr die ganze Schar auf ihn los und er konnte sich nur retten, indem er sein Pferd zu raschem Lauf antrieb und nach einer Stelle jagte, wo Flachs sich befand; hier war er vor Verfolgung sicher.

Merkwürdig ist es, daß der Petersberg mit dem Petermännchen in Schwerin, dem Familiengeiste des Mecklenburgischen Fürstenhauses, in Verbindung gebracht wird, denn es wird hier erzählt, dieses habe seine eigentliche Wohnung in jenem Berge gehabt, sei aber in einer Nacht durch die Luft nach Schwerin hinüber gezogen und habe sich im Schlosse daselbst angesiedelt.

Der Nachtwächter von Peccatel *[Peckatel]*

In der Schweriner Gegend und fast überall in Mecklenburg ist der Glaube beim Volke verbreitet, jeder Sterbende begebe sich in

14

der Nacht vor seinem Tode nach dem Kirchhofe, um seine Grabstätte zu besehen. Ein alter Nachtwächter in Peccatel will dies oft wahrgenommen haben; er wußte daher immer, wer im Dorfe sterben würde, denn er sah dessen Gestalt sinnend auf der Stätte seiner letzten Ruhe stehen.

Der Wod

Vor diesem ging eine Schneise vom Buchholz bei Consrade den Berg hinunter, dann kam ein Damm, der ging bis an die Stör. Diese Schneise und diesen Damm zog immer der Wod entlang; zuerst kamen die großen Hunde, die bellten immer grob: "Wau, wau!" Dann kamen die lütten Köter, die bellten ganz fein: "Jack, jack!" Hinterher zogen die Jäger im Galopp. Dicht an der Stör war ein Schlagbaum, da hielten sie still. "Upgemacht!" rief man denn; dann dreht sich der alte Schlagbaum um, daß man das Knarren weit hören konnte und rüber gings über die Stör. Auf dieser Seite war ein Damm, der noch jetzt "de Profoß"-(Parforce)-Damm heißt, diesen Damm gings entlang, all was sie laufen konnten nach dem Holz rein und dann so weg.

Gewiß ist es, jene Jäger waren alle verwünschte Edelleute, die vor Diesem so unvernünftig gejagt haben; das erzählte unserm Vater der alte Herr zu Rabensteinfeld *[Raben Steinfeld]*.

Frau Goden

Zu einem Bauer in Spornitz kommt eines Abends Frau Goden, steigt auf seinen Boden und wirft alle zum Feste gebackenen Brode herunter, welche ihre Hunde schnell verzehren. Der furchtsame Bauer wagt nicht, sie in ihrem Vorhaben zu hindern und als die Hunde das Brod verzehrt, sagt Frau Goden zum Bauern, er solle ihr sein größtes Stück Acker zeigen. Dies kommt dem Manne verdächtig vor und um sie bald und ohne noch größeren Schaden los zu werden, zeigt er ihr sein kleinstes Ackerstück. Nun tobt sie mit ihren Hunden auf diesem Acker auf und ab, so daß keine Stelle nachbleibt, wo sie nicht gewesen; dann verschwindet sie. Als nun die Erndtezeit kommt, da hat der Bauer so viel Korn auf diesem Stücke gebaut wie noch nie und er bereut es sehr, sie nicht zu einem größeren Acker geführt zu haben, denn jetzt erst weiß er, daß die fremde Frau war Frau Goden!

Räuber Röpke

In den Stahlbergen bei Crivitz hauste der berüchtigte Räuber Röpke. Er fiel die Vorübergehenden, die sich ihm willenlos ergaben, mit dem Rufe an: "Röpke mit sin sieben Köpp uppen Disch." Diesem Rufe ging stets der Klang einer Glocke voraus.

Einst sah ein Jäger, der einen Dachs verfolgte, den Räuber kommen, er versteckte sich schnell hinter einem Baum und sah, wie Röpke ungewöhnliche Bewegungen an der Erde machte und zuletzt verschwand. Er merkte sich genau die Stelle, holte sich mehrere Leute mit Spaten und Hacke versehen dort hin, doch konnten sie nichts von einem Eingange entdecken. Nach langem Graben stieß man endlich auf einen Gang, der zu einer großen Höhle führte und hier fand man den Räuber, der nach harter Gegenwehr überwältigt und getödtet wurde. In der Höhle stand ein Tisch, darauf eine von sieben Todtenköpfen umgebene brennende Lampe. Am Eingang der Höhle war eine Glocke angebracht, daran ein Strich befestigt, der zu dem Hohlweg führte. Auch war eine Tonne mit einer Flüssigkeit, die eine dicke Haut überzogen hatte, darin. Als man kostete, war es das schönste Bier, das man je getrunken. Seine Schätze liegen in einem Hügel zwischen den Stahlbergen und der Flakenfurth und brennen einmal im Monat, werden aber von einem schwarzen Hunde bewacht.

Ein Schmidt nahm einst trotz des Zähnefletschens des Hundes mittelst einer Stange ein paar Kohlen von dem Feuer weg, die am Morgen sich als Gold erwiesen!

Die Eiche von Gaedebehn *[Gädebehn]*

In der Nähe des Hofes von Gaedebehn stand auf einer Anhöhe hart am Wege, der nach Crivitz führt, eine uralte Eiche, die 1860 durch einen Blitz zertrümmert wurde, in der oben ein rundes Loch sich befand.

Einst fuhr ein Schäfer mit seiner Braut und den Brautgästen nach Crivitz zur Trauung. In der Nähe der Eiche fragte er die Braut, ob sie ihm auch treu gewesen; denn er hatte von einem Liebesverhältniß mit einem Beamten in Crivitz gehört. Da verschwor sich die Braut, der Teufel solle sie bei lebendigem Leibe holen, wenn sie ihm untreu gewesen und sie schwöre es bei dem Kreuze, das er auf seinen Stock geschnitten. Flugs fuhr der Teufel herunter, der Schäfer aber nahm seinen Kreuzstab und warf ihn nach dem Teufel, so daß dieser die Braut los ließ und sie todt an den Fuß der Eiche stürzte.

Die Brautkrone aber trieb ein Windstoß mitten durch die Eiche und so entstand jenes runde Loch! So erzählt Herr von Buchwald über das Wahrzeichen von Gaedebehn!

Die Streiteiche

Im Scheidegraben zwischen Storbeck und Rehhagen stand eine alte Eiche, die Streiteiche genannt, weil die Besitzer von Kritzow und von Kladow einen langen Proceß um dieselbe führten.

Die Sage erzählt: Ein Jäger des Gutes Kritzow hatte eine Liebschaft mit einem hörigen Mädchen des Gutes Kladow, Margarethe, das er in den Storbecker Tannen ermordete, um die Geburt eines Kindes zu verhindern. Von Gewissensqual gepeinigt, erschoß er sich unter der Streiteiche und wurde an der Mauer des Kladower Kirchhofes beerdigt. Alle sieben Jahre am Margarethentage steht er auf, um an das Grab des Mädchens zu gelangen, das auf dem Kirchhofe zu Storbeck ist; ein weißer Hund begleitet ihn. Er kommt aber nie weiter als bis zur Streiteiche. Ein Beherzter, der ihn einmal anredete, erhielt die Antwort, er könne nicht eher Ruhe

finden, als bis die Eiche zum Bau einer Kirche verwendet sei.
Herr von Buchwald fügt hinzu, sein Großvater habe, um diesen
Aberglauben zu beseitigen, die Eiche zum Bau der Kladower
Kirche verwandt!

Die Schweriner Glocke

Vor Zeiten sollen zwei Schiffer aus Schwerin an das entgegen-
gesetzte Ende des Schweriner Sees gekommen sein.

Als sie sich dem Ufer näherten, bemerkten sie dort zwei fremd-
artig gekleidete Knaben, welche baten, sie mitzunehmen. Die
Schiffer legen an und lassen die Knaben einsteigen und fahren
nun wieder zurück. Als sie etwa auf der Mitte des Sees sind, sind
die Knaben plötzlich verschwunden und statt ihrer stehen zwei
große Kisten in dem Kahn. Neugierig öffnen sie die Kisten und
finden der Eine lauter blinkendes Gold, der Andere eine grüne
Glocke.

Der Erste vertheilte sein Gold, bis auf das, was er selbst brauchte,
unter die Armen; der Zweite schenkte die Glocke an den Dom, in
welchem sie noch jetzt die Menschen zur Andacht ruft!

Der Schatz auf der Fischerinsel zu Pinnow

Vor langen Jahren lebte in Schwerin ein alter Fischer Namens
Hollien, der die großen Wadenzüge auf dem Pinnower See zur
großen Winterfischerei pachtete.

Einst ruhte er von seiner Arbeit aus, als er nicht weit von der
Landungsstelle an der Fischerinsel im Pinnower See ein blaues
Flämmchen sich aus der Erde erheben sah. Er näherte sich der
Stelle und sieht massenhaft Gold und Silber aufgehäuft. Da kam
ihm der Gedanke, seine ziemlich große Kahnschaufel zu holen.
Schon hatte er zwei Mal mit übervoller Schaufel den Weg zum
Kahn zurück gelegt und war im Begriff, sie zum dritten Mal zu
füllen, als ihm eine Stimme zurief, sich zu begnügen, es werde

ihm sonst namenloses Unglück bringen. Entsetzt blickt er um sich, gab aber der Warnung Gehör und ruderte zurück, brachte das Gold in Sicherheit und lebte als ein wohlhabender Mann weiter! Eines Tages arbeitete ein Tagelöhner aus Godern Namens Niebuhr im Auftrage des Pinnower Fischers auf der Insel und wie er einmal beim Graben aufschaut, kam ein weißes Hündchen auf ihn zugesprungen. Daß es kein gewöhnlicher Hund war, konnte der Arbeiter sich denken, er nahm einen Stein und warf ihn nach dem Thiere, worauf es alsbald verschwand.

Kurze Zeit drauf geht Niebuhr allein zur Arbeit, als ihm eine Stimme zuflüsterte, es liege ein unermeßlicher Schatz auf der Fischerinsel vergraben, den zu haben, er bestimmt sei. Er solle in der nächsten Mitternacht, völlig nackt, drei Mal die Insel umkriechen, dann sei der Schatz sein eigen! Niebuhr aber entsetzte sich und wagte es nicht.

Niemand hat bisher gesehen den Schatz auf der Fischerinsel zu Pinnow!

Der Ritter und das Burgfräulein

Im Pfarrgarten zu Plate ist ein großer Hügel, ringsum noch Spuren von Gräben. Hier soll eine wendische Burg gestanden haben.

Hier kommt des Nachts fünf Minuten vor 12 Uhr eine schneeweiße Katze aus der Erde und sitzt bis Schlag 12 Uhr ruhig da. Dann taucht aus den Fluthen der Stör ein großer schwarzer Hund auf, steigt ans Land und geht auf die Katze zu. Diese läuft fort, der Hund hinterdrein. So jagen sie sich bis 1 Uhr, dann ist alles verschwunden.

Die Sage geht, der Hund sei ein Ritter gewesen, der das Burgfräulein liebte. Als die Dänen die Burg eroberten, wurde das Fräulein unter den Trümmern begraben; der Ritter aber stürzte sich aus Verzweiflung in die Stör!

Die Domkirche zu Ratzeburg

Am nördlichen Ende der Stadt Ratzeburg steht die Domkirche, darin viele Kanonenkugeln eingemauert sind, die bei der Belagerung von 1693 durch die Dänen hinein geschossen sein sollen. Die Hannoverschen hatten damals den Vertrag mit den Dänen gemacht: wenn ein berühmter Schütze, der sich bei Letzteren vor der Stadt befand, ein Kegelspiel in die Mauer der Domkirche hinein schießen könne, so solle die Stadt übergeben werden, könne er es aber nicht, so solle das Heer abziehen. Der dänische Kanonier stand auf der in der Vorstadt aufgeworfenen Schanze und schoß wirklich ein ganzes Kegelspiel hinein. Als er aber zuletzt den Kegelkönig hinein schießen wollte und Alle in der größten Besorgniß waren, lud ein hannoverscher Kanonier seine Kanone und schoß dem Dänen den Kopf vom Rumpfe.

Darum sieht man noch heutigen Tages das Kegelspiel an der Domkirche eingemauert, aber der König fehlt! In letzterer Zeit ist jedoch eine von diesen acht Kegeln herausgefallen!

Die Räuber von Gadebusch

Der Namen Gadebusch soll entstanden sein aus dem Ruf: "Ga to Busch.", welcher Ruf ein Signal war für die, welche sich gegenüber der Burg, die da stand, wo jetzt das Gadebuscher Amtsgebäude liegt, angebaut hatten, sich in die Büsche zu flüchten, um ihr Leben in Sicherheit zu bringen vor den Raubrittern, denn die damaligen Besitzer der Burg waren arge Strolche und Räuber.

Man konnte ihnen auch so leicht nichts anhaben, weil ihre Burg auf einer Insel lag, mitten im See; der jetzige Gadebuscher See nämlich umgab früher die ganze Anhöhe, auf der das Amtsgebäude liegt. Die Räuber besaßen ein Schiff, um von ihrer Insel an das Seeufer zu gelangen und jedesmal, wenn die Menschen, die am Ufer des Sees nördwärts von der Insel eine Ansiedlung gegründet hatten, das Schiff von der Insel abfahren sahen, riefen sie einander, vor den Räubern in die Wälder fliehend zu: "Ga to Busch!"

Die tanzenden Mädchen

Der Küster K. hatte sein Dienstmädchen und deren Schwester, beide jung und hübsch, in die Stadtkirche geschickt, um sie zu reinigen. Die flinken Mädchen fegten und kehrten nach Herzenslust. Als sie bis zu dem großen freien mit glatten Fliesen belegten Platz vor dem Altare gekommen waren, sagte die Eine: "Hier muß es sich wunderschön tanzen lassen!" Sogleich warf die Andere den Besen fort und alsbald drehten Beide sich lustig im Kreise herum. Doch weh! Als sie bis mitten vor den Altar gekommen, standen sie wie eingewurzelt fest am Boden und keine Kraftanstrengung, kein Jammern vermochte sie von der Stelle loszureißen. Spät am Abend, als die Mädchen nicht zurück kehrten, begab sich der Küster in die Kirche und fand die Beiden vor dem Altare stehen, von wo auch er sie, trotz aller Versuche nicht entfernen konnte.

Rathlos eilte er zu seinem Vorgesetzten, dem Consistorialrath, der auf die Erzählung des Küsters seinen Ornat anlegte und sich mit ihm in die Kirche begab. Er trat sogleich zu den betenden Mädchen und flehte mit ihnen inbrünstig zu Gott, ihnen ihren Leichtsinn gnädig zu verzeihen, worauf sich denn auch der Bann löste und die Mädchen reuig und demüthig nach Hause gingen, aber getanzt haben sie im Leben nicht wieder.

Der Stein der Riesen

Auf der Feldmark zu Tramm liegt ein großer Stein mit einer tiefen Rinne, die so aussieht, als hätte ein Strick sie hinein geschnitten.

Die Sage erzählt: Auf einem Berge, nicht weit von Bahlen-hühchen *[Bahlenhüschen]* haben einst Riesen gewohnt und diesen Stein, nachdem sie einen Strick darum gewunden, nach dem Kirchthurm zu Kladrum schleudern wollen. Sie haben aber ihr Ziel verfehlt und so ist er auf der Trammer Feldmark nieder gefallen.

Ein Förster zu Bahlenkusch *[Bahlenhusch]* hat ihn einst nach seinem Hause bringen und benutzen wollen, aber er hat Tag und Nacht keine Ruhe gehabt, bis er ihn wieder schaffen ließ nach seinem Ort zu Tramm!

Der wilde Jäger

Vor langen Jahren lebte in der Gegend von Wismar ein Edelmann, dem die Jagd über alles ging; er jagte so lange, bis kein Wild mehr im Walde zu finden war.

Da kam ein Fremder zu ihm und versprach ihm Wild in Menge, wenn er in ein Buch seinen Namen mit Blut einschreiben wolle. Unter der Bedingung, daß er jagen dürfe, so lange er wolle, unterschrieb der Edelmann und jagte nun eifriger denn je und kein Schuß fehlte.

Als er nun alt geworden und es zum Sterben ging, trat der Böse zu ihm und wollte sein Recht geltend machen, doch meinte der Kranke, er habe noch nicht die Lust verloren zu jagen! "Wie lange willst Du denn noch jagen", fragte der Böse und der Edelmann antwortete: "Ewig!" "Gut, so jage bis in die Ewigkeit hinein", sagte der Teufel, drehte ihm das Genick um und fuhr von dannen. Plötzlich heult es in der Luft, Hundegebell und Jagdruf ertönen, neun Mal tobt es ums Haus herum, dann brauste es bis in die Wolken und verschwand. Da begann die wilde Jagd, die bis zum jüngsten Tage währet.

In der Umgegend von Schwerin, besonders in Osdorf, wissen die Leute viel zu erzählen von des wilden Jägers Einzug im Herbst, seinem Umzuge in den Zwölften und seinem Auszuge in der Frühjahrszeit.

Die Schlangenkönigin

Der Kronsberg ist ein kleiner Berg bei Eldena; in diesem ist eine goldene Wiege tief verborgen und wird von der Schlangenkönigin, deren Haupt eine köstliche goldene Krone ziert, treu bewacht.

Gelingt es nun Jemand, sich ihr soweit zu nähern, daß er ihr die Krone vom Kopfe entnehmen kann, so ist er zeitlebens ein reicher Mann, denn er kann dieselbe verkaufen und hat er gar ein Stückchen von ihr abgebrochen und in der Hand behalten, so hat die Krone die Eigenschaft, daß sie täglich wieder in ihrer ganzen Herrlichkeit aufs Neue wächst und er täglich wieder verkaufen kann: die Krone der Schlangenkönigin!

Die Hünen

Ehe noch die Wenden nach Mecklenburg kamen, wohnten hier im Lande die Hünen, ein Riesenvolk, das aber jetzt längst ausgestorben ist; nur ihre Gräber sind uns noch geblieben und zeigen uns ihre Größe und ihre Kraft.

Alle Berge haben sie aufgetragen und alle tiefen Schluchten ausgegraben, ja sie hatten sich vorgenommen, die Ostsee zuzuschütten, gaben aber diesen Plan auf, weil doch zu viel Erde dazu gehörte, die sie nicht herbei schaffen konnten, ohne neue Seen entstehen zu lassen.

Ihr König Och hatte von dem Reichthum des Dorfes Helm gehört, das damals eine große Stadt gewesen sein soll und zwischen Wittenberg *[Wittenburg]* und Hagenow lag, und zog mit seinem Heere gegen sie heran, um sich ihrer Schätze zu bemächtigen. Die Helmer wehrten sich tapfer, mußten sich aber in ihre feste Stadt zurück ziehen. Der Riesenkönig war im Kampfe gefallen und sein Volk gab die Belagerung auf; sie nahmen ihn mit sich mit, legten ihn mit sammt seinen ungeheuren Schätzen in einen goldenen Sarg, diesen in einen kupfernen und zuletzt in einen bleiernen und begruben ihn nicht weit von Melkhoff *[Melkhof]* unter einem Hügel, der unter dem Namen: der Trünnelberg bekannt ist.

Schon viele viele Male haben Schatzgräber versucht, die goldenen Kronen und die goldene Wiege zu heben, sie haben Alles oft schon bis ans Tageslicht gebracht, aber immer im letzten Augenblicke sank er wieder in die Tiefe und wird dort wohl liegen bleiben bis zum jüngsten Tage!

Die Hexe

Eine Gräfin von Delmenhorst fühlte ihr Ende heran nahen und gab auf ihrem Sterbebette ihren drei Töchtern zehn Diamanten und bat sie sehr, sich in Liebe darin zu theilen; sie überließ ihnen die Theilung, um nicht den Verdacht zu erregen, sie habe eine von ihnen bevorzugt, da neun gleichmäßig schön, aber der zehnte, wie ein Auge gestaltet, hohen Werth besaß.

Die Töchter versprachen der Mutter alles Gute und als sie gestorben, dachten die jungen Mädchen in ihrem Schmerze weder an die Diamanten noch an die Theilung. Dann aber, als die alles heilende Zeit auch sie beruhigte, da erinnerten sie sich der Kleinodien und sie beschlossen, sie nun zu theilen, was leicht mit den neun gleichen sich vollzog; was aber mit dem zehnten? Wie sehr sie auch bereit gewesen, der Mutter Einigkeit zu versprechen, jetzt wo es das leidige Mein und Dein betraf, änderte sich die Sache, jede von ihnen wollte jetzt den großen Stein haben und belegte ihre Ansprüche durch nicht Stich haltende Gründe.

Als die Uneinigkeit seiner Töchter, die früher ein Herz und eine Seele waren, aufs Höchste stieg und der alte Graf keinen Frieden unter ihnen stiften konnte, nahm er ihnen den Diamanten fort und sagte, nun solle keine von ihnen ihn besitzen. Aber auch hierdurch kam keine Besserung in dieses Zerwürfniß und das Traurigste war, daß hierdurch die Ruhe der Verstorbenen gestört wurde, die jetzt allnächtlich wehklagend unter den Fenstern des Grafen erschien.

Der bekümmerte Graf wußte kein Mittel mehr, um diese traurige Lage zu verbessern, bis eines Tages ein alter Pilger bei ihm einkehrte und ihm den Rath gab, den Diamant in eine Kirche zu vermauern, die er an einer Stelle erbauen müßte, wo ein Gänserich, den er vom Schlosse ausfliegen lasse, sich setzen würde. Der Graf befolgte diesen Rath, baute die Kirche, die noch jetzt den Diamant in ihren Mauern birgt. Seitdem ist der Streit der Töchter beendet und die Mutter bleibt ruhig in ihrem Grabe!

Der Schäfer und das Meer

Einst im Winter hütete nicht weit von hier ein Schäfer bei gutem Wetter seine Heerde und als er sie eintreiben wollte, kam ihm der Gedanke, er wolle einmal mit ihr den Weg über die Eisdecke des Meeres nehmen, was auch geschah.

Als er die Mitte erreichte, brach das Eis und die erschreckten Thiere sprangen auf einen Haufen und ertranken. Mit Hülfe seiner schnellen Füße erreichte der Schäfer glücklich das Ufer und mit ihm ein Schaf, das ihm nachgelaufen war. Dieses trieb er in den Stall und hing vor demselben seinen Mantel auf und dann verließ er aus Verzweiflung seine Heimath und wanderte nach Amerika aus.

Als am andern Morgen die Eigenthümer der Heerde Nachforschung hielten, fanden sie nur das eine Schaf; die andern aber sind noch auf dem tiefen Grunde, wo sie immerdar grasen, blöken und mit ihren Glöckchen klingeln!

Das Schiff aus Indien

Vor nicht langer Zeit kam ein Schiff aus Indien den hohen Weg, einer Sandbank in der Wesermündung, und warf dort Anker aus.

Als man weiter wollte, konnte man trotz aller Anstrengung den Anker nicht wieder losbringen. Da erbot sich ein Schwarzer, der am Bord Dienste that und ein guter Taucher war, er wolle hinab tauchen und sehen, was ihn festhielt. Wie er wieder aus der Tiefe empor kam, erzählte er, es sei unten eine herrliche Kirche voll goldener und silberner Geräthe und der Anker habe sich in die Thüre festgehakt; er habe ihn nicht losmachen können, denn vor der Thüre liege ein großer Hund und bewache sie.

Nun beredeten die andern Matrosen den Schwarzen, noch einmal hinab zu tauchen und sich und ihnen von den Schätzen zu holen; obgleich er sich fürchtete vor dem Hüter der Kirche, ließ er sich doch bereden und stürzte sich noch einmal in das Wasser, aber dies Mal kehrte er nicht wieder - eine große Blutwelle quoll aus der Tiefe hervor!

Das Schiff kappte eiligst das Ankertau und segelte fort von diesem unheimlichen Ort!

Die Baugeister

Daß es sehr verschiedenartige Geister giebt, die sich dem Menschen bald günstig, bald ungünstig erweisen, habe ich mehrfach erzählt, habe aber jetzt erst erfahren, daß auch Baugeister existieren, die sich dem Bauherrn in oder bei einem neu auszuführenden Gebäude durch Poltern und Lärmen recht unheimlich um Mitternacht bemerkbar machen.

So bald nämlich das Gebäude so weit hergestellt ist, daß die Balken und Sparren aufgesetzt werden sollen, dann ist es in der Nacht zwischen 11 und 12 Uhr in demselben ein Krachen und Toben, als würden alle Balken und Sparren mit der größten Heftigkeit so durcheinander geworfen, daß nichts von dem Holze heil und ganz bliebe - dies nun ist der Baugeist! Die Handwerker sehen dies Poltern als eine gute Vorbedeutung an für einen glücklichen Verlauf des Baues, daß Niemand dabei zu Schaden kommt und daß der jetzige, so wie der spätere Besitzer viel Glück und Segen darin erleben werden.

Ein Herr hier in der Nähe ließ ein neues Wohnhaus bauen und als der Bau so weit gediehen, daß die Balken aufgebracht waren und die Sparren hinauf geschafft werden sollten, da - siehe, da fand sich der Baugeist ein und Alle erzählten am Morgen mit Frohlocken, der Baugeist habe über Nacht vorzugsweise stark rumort. Der Herr war dabei sehr ungläubig und fragte, was das denn eigentlich für ein Ding sei? Man antwortete ihm: "Ja, das ist auch kein ordentlicher Geist, der herum geht und Alles durcheinander wirft - das sind die Gedanken der Bauleute, die am Gebäude arbeiten; wenn sie des Nachts schlafen, so beschäftigen sich ihre Seelen in Gedanken mit der Arbeit, die am folgenden Tage vorgenommen werden soll und so entsteht der Geist!"

In der folgenden Nacht wiederholte sich der Spuk, den sie Alle gehört und konnten sie nicht genug den großartigen Lärm beschreiben und doch sagte ein alter Maurerpolier, ein Däne von Geburt, das sei noch nichts gegen den Spectakel beim Bau der schönen neuen Kirche zu Ludwigslust gewesen, bei dem er mitgearbeitet. Und von diesem unerhörten Lärm könne man gewiß annehmen, daß das schöne Gotteshaus lange lange Jahre stehen und vielen großen Segen verbreiten werde.

Der Herr wollte sich mit diesen Erklärungen nicht zufrieden geben und stellte, da er Diebe hinter diesem Spuk vermuthete, in der dritten Nacht einen Wächter an, der aber kein Geräusch hörte. Es blieb Alles still, was die Bauleute dahin erklärten, daß eben der Bau in diesen Tagen so weit vorgeschritten, daß keine Gefahr für irgend Jemand mehr vorhanden und daß der Geist damit von hinnen ziehe.

Da auch des Herrn Nachfrage, ob die Handwerker des Nachts sämmtlich in ihren Quartieren gewesen, bejahend ausfiel, so mußte er nolens volens *[ob er will oder nicht]* an die Existenz der Baugeister glauben!

Das Klopfen

In Grevesmühlen waren vor langen Jahren drei Todtenkleiderinnen angestellt, unter denen man frei wählen konnte, wenn ihre traurige Hülfe noth that.

Die Eine dieser Frauen war durch ihr sanftes freundliches Wesen besonders beliebt und oft bat eine Sterbende dringend, diese zu ihrer letzten Einkleidung zu holen. Nicht selten geschah es dann, daß es am Fenster der Frau laut und deutlich drei Mal anklopfte, sie öffnete es, sah hinaus, doch Niemand war dort; aber eine Stunde später kam regelmäßig ein Bote, der sie zu ihrer düstern Pflicht abrief, die sie trotz des vorherigen Klopfens ohne Grauen, ohne abergläubische Furcht in gewohnter Weise sorgsam erfüllte, denn sie wußte, daß die letzten klaren Gedanken der Heimgegangenen sich noch freundlich mit ihr beschäftigt hatten.

Der Poltergeist

Der Spuk im Schlosse zu Kohsewitz schien ganz eingeschlafen, als er sich vor einigen Jahren aufs Neue bemerkbar machte durch plötzliche Helle in allen Räumen, durch fortwährendes Laufen und Traben, begleitet von durchdringendem Pfeifen.

Hatte man früher nicht die Ursache von diesem nächtlichen Lärm ausfindig machen können, so gelang es jetzt eben so wenig, wo neue Thatsachen den Glauben an übernatürliche Erscheinungen bestärkten. Es wollte unter Anderm der Zufall, daß einem hier übernachtenden Gendarmen plötzlich das Pferd crepirte, was natürlich dem Poltergeiste zugeschrieben wurde, und um dem Gerede ein Ende zu machen, kamen aufs Neue Herren von der Justiz und der Gelehrsamkeit, versehen mit Säbel und Pistole, hierher, wachten des Nachts, streuten Sand auf die Dielen etc., entdeckten aber nichts, nur der Lärm blieb!

Lauter wie je erzählte man sich nun die Sage: Ein Herr von Viereck, welcher 1631 das Schloß erbaut, habe in einem Vorzimmer des Saales ein Mädchen ermordet und sie, um seine That zu verbergen, in einen noch jetzt vorhandenen Ofen gesteckt, welches Verbrechen der Spuk nun der Nachwelt noch anzeige. Die Familie von Viereck, die von dieser öffentlichen Beschuldigung ihres Vorfahren sich schwer beleidigt fühlte, erließ nun eine Bekanntmachung, in der sie Protest gegen diese Lüge erhob, doch wird der Aberglaube dadurch nicht aufhören, es sei denn, der Spuk verstummt!

Das Nonnenkloster

Ein berühmtes Nonnenkloster war einst Rosenthal, das jetzige Wanzka, nun ein herrschaftliches Gut. Seine Mauern sind verfallen und der Wind weht durch die Hallen; es sind von dem einstigen Prachtgebäude kaum noch die Ruinen eines Thors, einer Scheune und die Ringmauern einer stattlichen Kirche geblieben. Im Jahre 1770 wurde ein hölzerner Thurm daran erbaut, ein trauriges Machwerk neuer Baukunst gegenüber der früheren eisenfesten Bauten der vorigen Jahrhunderte. In dieser Kirche stehen als einige Denkmäler einige schlecht aus Holz geschnitzte Heilige und vor dem Altare ist das schlichte Grabmal des Herzogs Ulrichs II, der als ein frommer Mann das heilige Land besuchte und 1471 auf dem Stargarder Schlosse an Gift starb.

Nach Wanzka kamen von Zeit zu Zeit fremde Mönche, die um die Erlaubniß baten, das Innere der Kirche ohne Begleitung und Zeugen besichtigen zu dürfen; jetzt sind sie längst ausgeblieben und man weiß nicht, ob sie gefunden, was sie gesucht oder ob sie die Sache als nutzlos aufgegeben!

Die Wundereiche

Auch in Fahrenholz hat es eine Wunder-Eiche gegeben, zu der in Massen besonders Gichtbrüchige pilgerten; es geschah die Kur bei abnehmendem Mond, in der Nacht vom Freitag zum Sonnabend.

Der Patient begab sich dazu nach Sonnenuntergang ins Holz, wo die Eiche steht, kriecht dann drei Mal durch die in der Mitte gespaltene Eiche und kehrt dann getrost und geheilt nach Hause zurück. Eine Eigenthümlichkeit dieser Eiche, die außergewöhnlich stark und hoch ist, besteht darin, daß ihr Laub im Frühling bedeutend früher grünt und im Herbst später abfällt als bei anderen Eichen. Das Honorar für dieses Heilmittel ist billig: zwei Schillinge an den Jäger der Holzung! Ob damit Schäfer Ast, der Wunderdoctor, der gestern am 25sten April auch Schwerin besuchte, wohl zufrieden wäre?

Der Kirchenraub

Aus der Schloßkirche zu Neustrelitz wurden im Jahre 1828 vom Altare zwei prächtige, dem Scheine nach massiv silberne Leuchter gestohlen. Die frechen Einbrecher wurden später gewahr, daß sie sich in der Kostbarkeit, der dem Gotteshause geraubten Leuchter arg geirrt, denn sie waren nur aus versilbertem Messing, so künstlich hergestellt und mithin für sie ohne Werth. So fand man denn nach kurzer Zeit auf einem Wege im Schloßgarten beide Leuchter, den einen sehr stark beschädigt, an dem andern aber hing ein Zettelchen mit der Fracturschrift: "Scherz!"
Leider ist es ungeachtet aller Bemühungen nie gelungen, die Diebe aufzufinden.

Der gehörnte Hase

Auch von einer Curiosität seltenster Art sei hier erzählt: Noch vor dem Jahre 1519 ward beim Schlosse Wesenberg im Strelitzschen von dem Herrn von Büschwang ein gehörnter Hase gefangen und an dem herzoglichen Hofe als eine unerhörte Merkwürdigkeit bewundert.
Mit dieser naturhistorischen Seltenheit beschenkte der regierende Herzog Heinrich den deutschen Kaiser Maximilian I, welchen der Fürst persönlich zu Cöln *[Köln]* als Kenner der Jagdwissenschaft kennen gelernt hatte. Nach dem Tode des Kaisers bekam der Markgraf von Brandenburg Georg zu Quolzbach dies Hasengeweih von der verwittweten Kaiserin Maria zum Geschenk,

das von dem markgräflichen Silber-Kämmerer Körnberg nebst anderen Seltenheiten in Verwahrung genommen wurde. Als im Jahre 1536 einige fremde Herren am Fürstenhofe zu Quolzbach dies seltene Gehörn mit einigem Bedenken in Augenschein nahmen, bestätigte der gerade daselbst anwesende Mecklenburgische Edelmann, der auch in der Landesgeschichte nicht unbekannte Herr Achim von Lützow von Eichhofe in Gegenwart des Markgrafen, die wahre Abkunft dieser Hasenhörner aus seinem Vaterlande, unter Anführung einzelner Nebenumstände.

Ueber dies höchst seltene Naturprodukt ist im geheimen Archiv zu Plahsenburg *[Plassenburg]* bei Culmbach *[Kulmbach]* ein besonderes Dokument niedergelegt worden, welches der dortige Geheime Archivar Spiehs in "seinen archivischen Nebenarbeiten" mit der Ueberschrift: "Ein seltsam Hasengehörne belangend" hat abdrucken lassen. Leider übergeht er, wo das Geweih später aufbewahrt ist, über welches D. Siemsen, Rostock im Freimüthigen Abendblatt 1827, eine längere Abhandlung geschrieben.

Das Schloß vom Rübensee

An der Chaussee zwischen Waria *[Warin]* und Blankenberg, wo jetzt der Rübensee lustig plätschert, stand einst ein stattliches Schloß, dessen Besitzer fast das ganze weite Feld mit Rüben bestellte, welche dann, wenn sie ausgewachsen, von seinen Leuten gezählt werden mußten.

Widerwillig thaten sie diese mühsame und nutzlose Arbeit, doch der Herr hielt mit eiserner Strenge diesen Befehl aufrecht und war die letzte Rübe gezählt, dann wurden sie gequetscht und aus dem Saft entstand der Rübensee, in dessen Tiefe das Schloß mit allen seinen Schätzen versank; doch in der Neujahrsnacht um 12 Uhr erhebt es sich hoch und stolz, so daß die Menschen es klar sehen und bewundern können. Ganz in der Nähe dieses Sees befindet sich ein ziemlich hoher Berg, der Bückenberg (Buchenberg) genannt; aus diesem kommt in der Mainacht ein liebliches

Mädchen, auf ihren Schultern trägt sie eine goldene Tracht, an der zwei goldene Eimer hängen, still und geräuschlos geht sie nach dem Rübensee, füllt dort ihre Eimer und kehrt dann eben so lautlos in das Innere des Berges zurück!

Warum der Schloßherr die Rüben zählen ließ und warum das Schloß untergehen mußte, davon berichtet die Sage nicht, eben so wenig, wer die zarte Jungfrau war, die den Berg bewohnte und selbst zum Wasserschöpfen ging. Sollte wohl der Schloßherr in Beziehung zu Rübezahl stehen, der auf seinem dreibeinigen Rosse so gern verhöhnte und neckte die Reisenden im Riesengebirge?

Der Glauben an die Sympathie

In Gnoien lebte vor 70 Jahren ein ganz verkommener Mann, der oft schon wegen Diebstahl bestraft war und daher, seines schlechten Leumundes wegen, keine Arbeit bekommen konnte; so zog er denn mit seiner Frau in der Umgegend umher und ernährten sie sich vom Betteln und gelegentlichen Diebereien.

So kamen sie denn einst in eine Tagelöhner-Wohnung, wo die Hausfrau allein zu Hause ist und bitterlich über gewaltige Zahnschmerzen klagte. Schnell erkannte der Gauner diese für seine Zwecke günstige Gelegenheit, er erbietet sich mitleidig, sie durch Sympathie von ihren Schmerzen zu befreien und sie geht bereitwillig und freudig darauf ein; er bedeckt ihren Kopf vollständig mit einem Kessel und trommelt wacker darauf los. Während dieser Procedur benutzt sein in Diebereien eben so gewandtes als verwegenes Weib eine in der Nähe stehende Leiter, holt sich aus dem Rauche ein großes Stück Speck und läuft unbemerkt damit fort. Mit herzlichen Danksworten und einer kleinen Gabe von der Geheilten entlassen, folgt lachend ihr der Mann.

Der Kummer über den Raub des Specks, den die Frau erst entdeckte, als es zu spät zum Nachsetzen war, hat ihr viele Thränen gekostet, aber sie zugleich geheilt vom Glauben an Sympathie!

Der trunkene Ritter

Der Schlesische Ritter Hans von Schweinichen, der tapferste Trinker seiner Zeit, erzählt in seiner selbst verfaßten Lebensbeschreibung 1573:

Im Lande Mecklenburg zu Güstrow beim Herzog Ullerich hat mich der Trunk übereilt und war etliche Stunden in der Nacht, lief ich geschwinde die Stufen der Burg herab. Mein Knecht aber, so mir leuchtet, war voller als ich, fiel auf die Stiegen; ich aber sprang über ihn hin, die Andern aber, so mir nachgelaufen, mich aufzuhalten, fallen alle über meinen Knecht hinweg, daß Etliche große Beulen davon trugen. Indeß liegt ein groß Weinfaß an der Stiegen, welchem der eine Boden ausgeschlagen war; verkroch ich mich darin und war darinnen entschlafen und auch etliche Stunden darin gelegen. In Summe, man sucht mich, aber da ich nicht zu finden, daß man auch darob großen Kummer genommen, wo ich hinkommen wäre.

An dem Morgen finde ich mich wieder, mußte es dem frommen Herzog Ullerich erzählen, wie es mir ergangen, da dem Ihro Fürstl. Gnaden ich eine große Freude davon machte!

Das schwarze Huhn

In Techin bei Lahsan ist ein auffallend tiefer und breiter Graben, in und an welchem sich oft ein schwarzer Hahn und ein eben so schwarzes Huhn sehen lassen, von denen man nicht weiß, wo sie hingehören und wo ihr Nest ist.

Eines Tages war einem dortigen Bauern sein schwarzes Huhn vom Hofe fort gekommen, er suchte es überall und kam dabei an den tiefen Graben, sah dort ein schwarzes Huhn und da es sich willig einfangen ließ, nahm er es arglos mit nach Hause. Am andern Morgen legte es gleich ein schönes großes Ei, am zweiten zwei, am dritten Morgen drei Eier und so fort, bis am zehnten Morgen zehn Eier im Nest waren. Dem Bauern ging die Sache über allen Spaß, er wollte mit solchen unheimlichen Dingen nichts zu thun haben, die doch nur Unheil bringen; er griff das Huhn und trug es schnell nach dem Graben, der so wie so als nicht geheuer in der ganzen Gegend verschrien war und überließ es unbekümmert dort seinem weiteren Geschick. Ob der schwarze Hahn es wieder unter seinen Schutz genommen, davon erfuhr man nichts!

Der Gregorstag

Dem Papst Gregor zu Ehren wurde noch in Malchow alljährlich dessen Namenstag feierlich begangen.

Am Gregorstage durchziehen die Chorknaben der dortigen Schule singend nicht nur die Stadt, sondern auch die umliegenden zur dortigen Parochie *[Pfarrei]* gehörenden Dörfer. Sie gehen in schwarze Chor-Mäntel gekleidet, werden aber von einer großen Schaar phantastisch mit Federbüschen und bunten Bändern geschmückter Knaben begleitet, die mit Picken, woran kleine Fahnen flattern, bewaffnet sind. Ein eben so aufgeputzter Anführer ordnet mit gezogenem Degen die bunte Schaarwache und ein Fähnrich führt unter steten Schwenkungen die eben nicht kostbare Schulfahne.

Wohlgeordnet umzieht die halb geistlich, halb weltlich gekleidete Jugend dreimal das Rathhaus und bekommt aus der Stadt-Casse dafür 16 Schillinge; die überigen Geldhebungen von den Einwohnern nimmt eine Büchse und die etwa fallenden Ostereier der Korb eines sehr bunt gezierten Eierträgers auf.

Die Wahl des Nachtwächters

Auch ein anderer alter Gebrauch in Malchow: Mußte ein neuer Nachtwächter angestellt werden, so ließ man die Persönlichkeiten, die zur engeren Wahl für dies Amt aufgestellt waren, zusammen kommen und Tuten und Absingen, der es am Lautesten und Kräftigsten verstand, wurde gewählt.

Die Stadtgrenze

Noch ein Gebrauch: Ebenfalls in Malchow war es früher Gebrauch, daß der Stadtsprecher jedesmal einem jungen Bürger, wenn er ihm die Stadtgrenze zeigte, auf der Scheide ein Paar tüchtige Ohrfeigen gab mit den Worten: "Dat beholl!" Dies geschah, um ihm durch diese fühlbare Bezeichnung die Sache recht bemerkbar zu machen!

Milde Gaben

In Güstrow war es Gebrauch, daß jeden Sonntag und Mittwoch sechs bis acht Schulknaben unter Anführung des Einheitzers, unter Absingen von Kirchengesängen die Straßen durchzogen, auch zwei solcher Knaben vorauf mit Brodkörben laufen und um milde Gaben in die Häuser schreien. Und vor dem Mühlenthore wurde bei dem reich dotierten St. Jürgenstifte jedem Vorübergehenden von einer alten Frau, mittelst einer langen Stange, eine Büchse zum Einsammeln von Almosen hingereicht.

Die Bettelei

Eine gleiche Sitte bestand zur selben Zeit noch in Gnoiens Vorstadt, wo neben einer, die Bettelei verbietenden Tafel, eine andere befestigt war, mit den Worten: "Höret nicht auf, Gutes zu thun."

Hochzeit auf dem Lande

Bei Hochzeiten auf dem Lande werden noch hier in einzelnen Gegenden alte Gebräuche aufrecht erhalten, z. B.: Kommt das junge Paar aus der Kirche, dann steht auf einer kleinen Bank Brod,

Salz und ein Glas Wasser, von dem die Braut etwas genießen soll; es bedeutet dies ihr gutes Benehmen zu den Eltern und Dienstleuten, Häuslichkeit und Sparsamkeit.

Bei Tische sammelt sich die Köchin eine kleine Entschädigung für ihre am Heerde verbrannte Schürze, indem sie einen brennenden Lappen zeigt.

Auch der Drost, der das Aufwarten und das Biereinschenken besorgt, hält eine hölzerne Kelle voll Salz zu einer kleinen Gabe hin.

Nach Tische wird zuerst der Küchentanz getanzt, bei dem es oft recht wild hergeht; die Männer sind dabei mit Beilen, Feuerzangen etc., die Frauen mit nassen Handtüchern versehen; sie theilen lachend leichte Schläge auf die Umstehenden aus und zuletzt wird ein alter Tisch völlig zerschlagen, sonst hat das junge Paar kein Glück.

Ist die Hochzeit sehr großartig und der künftige Wohnort der Braut außerhalb, so wird am Tage vor dem Polterabend die ganze Aussteuer schön aufgeputzt auf bekränzten Wagen nach dem neuen Heim von vier bis sechs mit Blumen und Bändern gezierten Pferden gezogen. Oft sind es mehrere Wagen und sitzt dann auf dem ersten eine Frau, welche den Kindern der durch zu passierenden Dörfer Aepfel, Nüsse und kleine Münzen zuwirft, die sie unter Jubel und Lust aufsammeln. Begleitet wird dieser Transport der Aussteuer durch die jungen bunt geschmückten Männer des Dorfes hoch zu Roß.

Ist nun die großartige und kostspielige Hochzeitsfeier vorüber, dann beziehen die jungen Eheleute ihr eignes Haus und oftmals nahm scherzend die neue Hausfrau, ehe sie es betrat, ein klein wenig Salz und Dill und streute es vor die Hausthüre mit den Worten: "Hier streue ich Salz und Dill, damit ich thun kann, was ich will!"

Im Hause selbst hat sie gewiß fromm die Hände gefaltet und gebetet: "Segne Gott meinen Eingang und meinen Ausgang!"

Die Glocke von Prillwitz

Drei schöne metallene Glocken von herrlichem Tone zieren die Kirche zu Prillwitz, von denen die zweite "die Osanne Glocke" die merkwürdigste ist.

Ein geharnischter Ritter, auf der Brust ein Kreuz, in der Hand eine flatternde Fahne und darin auch ein Kreuz, ist auf der einen Seite und auf der andern die Mutter Maria mit dem Christkindlein im Arme und von einem Strahlenkranze umgeben abgebildet.

Sie führt die Inschrift: "Osanne ick hete. De van Prillvitze hebben my laten gehte Peter god my. Anno Domini 1523." Georg von Blankenburg, ein späterer Nachkomme von Prillwitze war durch die schweren Lasten des 30jährigen Krieges so hart betroffen, daß er sich nicht lange mehr als Besitzer des alten Familien-Gutes glaubte, behaupten zu können und in einer Stunde größter Noth verkaufte er die schöne Glocke nach Neubrandenburg. Es erschien nun ein Wagen, bespannt mit vier kräftigen Pferden, der sie abholen sollte. Osanne stieg, der Gewalt weichend, aus ihrer luftigen Höhe herab, aus der sie so oft zu Freud und Trauer seit hundert Jahren die Christen zur frommen Andacht gerufen und ließ sich geduldig auf den schmutzigen Wagen auf ungewohntes Strohlager betten und leicht und rasch ging es von dannen.

Doch je weiter sich das Fuhrwerk von Prillwitz entfernte und je näher die Grenze rückte, je schwerer schien die Last des Wagens zu werden, je langsamer kamen die kräftigen Pferde vorwärts. Endlich erreichten sie einen Bach, die Grenze zwischen Prillwitz und Usadel, da stehen die Pferde still und kein Zuruf, kein Peitschenschlag bringt sie weiter.

In dieser Noth kommt ein Fuhrmann mit seinem, mit Ochsen bespannten Wagen von Usadel her, der erbarmt sich und legt seine vier Ochsen auch mit vor, aber auch diese Hülfe ist umsonst. Da ruft der Ochsenknecht: "Halt, mir fällt was ein, nehmt die Pferde fort vom Wagen, meine Ochsen sollen ihn allein ziehen." Gesagt, gethan, aber statt durch den Bach leitet er Osanne nach

Prillwitz zurück; immer leichter wird die Last, bis endlich der Wagen hart am Thurme hält.

Aus eigener Kraft allein hinauf springen zu der alten gewohnten Stätte, konnte zwar Osanne nicht, aber Herr von Blankenburg ließ sie wieder dorthin bringen, wo sie noch jetzt hängt und klingt und tönt und die Gemeinde zur Andacht, zur Freude und zur Trauer ruft!

Das furchtbare Gewitter

Ein furchtbares Gewitter entlud sich am Nachmittage des 10ten Juni 1826 über das Bauerndorf Silz bei Malchow; ein Blitz traf das Schulhaus und zündete.

Gleich eilte die Hausfrau, da ihr Mann abwesend war, ins Freie, um zu sehen, ob Gefahr drohe, da sieht sie ihr Haus brennen! Tödtlich erschrocken stürzt sie zurück, um ihre sechs Kinder und ihren alten 80jährigen Vater zu retten.

Aber schon war es zu spät, denn das leichte Strohdach fiel gleich zusammen; zwar war es der muthigen Frau gelungen, den Vater und die Kinder aus den Flammen zu holen, doch war Ersterer schon verbrannt und zwei Kinder mit ihm! Sie selbst erlag am andern Tage ihren Wunden. Ein furchtbarer Jammer erfaßte alle Leute, als der Lehrer zurückkehrte, um einen Theil seiner ihm so theuren Familie todt, den andern mit dem Tode ringend, wieder zu finden; er dachte nicht daran, daß auch seine ganze Habe verloren war.

Die Theilnahme Aller steigerte sich am Begräbnißtage seiner Frau, seiner beiden Kinder und des Vaters, wo er an ihren Gräbern bewußtlos niedersank!

So weit menschliche Hülfe einschreiten konnte, geschah es, aber Gottes Hülfe allein machte es ihm möglich, dies unverschuldete traurige Geschick muthig zu tragen und für die Kinder, die ihm geblieben, zu leben und zu sorgen!

Mord und Todtschlag

Am Ende des 14. Jahrhunderts ward in der kleinen Stadt Kiritz *[Kyritz]* in der Prignitz, ein ganz vorzügliches Bier gebraut, dem man seiner Stärke wegen den Namen "Mord und Todtschlag" gegeben hat.

Mit diesem Biere trieben sie einen weit ausgebreiteten Handel und es wurde viel davon auch nach Mecklenburg verfahren. Auf einem solchen Transporte hierher, kamen einmal die Kiritzer Bürger mit den Leuten eines Herrn von Bahsewitz in Streit und Handgemenge, wobei sie einige der Bahsewitzer erschlugen. Im Geiste jener Zeit erforderte das Vergeltung und Herr von Bahsewitz hat seine Mannen aufgeboten, um die Stadt zu befehden und ist plötzlich mit seinem ganzen Heere vor Kiritz gerückt.

Die Bürger erfuhren dies zur rechten Zeit und verrammelten ihre Thore, worauf es zu einer richtigen Belagerung kam. Gegen die hohen Mauern, von denen jetzt nur noch kleine Bruchstücke vorhanden sind, konnte nichts unternommen werden, daher faßte Herr von Bahsewitz den Entschluß zu unterminieren und so in die Stadt zu kommen, und die Einwohner ganz unerwartet zu überfallen. Es gelang glücklich, er kam, trotzend auf seine große Macht, am hellen Mittag mit seinen Leuten an einer Stelle zum Vorschein, die man noch heute den Fremden zeigt.

Der Verräther aber schläft nicht! Die Kinder kommen aus der Schule, sehen die geharnischten Männer und auf ihr Geschrei stürzen die Bürger herbei, die nach hartnäckigem Kampfe Bahsewitz gefangen nahmen und den größeren Theil seiner Krieger tödteten. Sein Schwerdt und ein Theil seines Panzers hängen noch als Denkzeichen auf dem dortigen Rathhause.

Zu Ehren dieses Sieges wird noch jetzt alle Jahre im Februar das sogenannte "Bahsewitz-Fest" gefeiert und den Schulkindern an diesem Gedächtnistage eine eigen Art Semmel, das Bahsewitz-Brod aufgetheilt. Leider fehlen alle näheren Nachrichten, wer dieser Herr von Bahsewitz war und wo er in Mecklenburg wohnte.

Die drei steinernen Kuchen

Der Maler Helmold von Plehsen war Besitzer des Gutes Barnekow. Einst, als Helmold noch ein zartes Kind war, spielte er zur Zeit der Ernte auf dem Hofe und entfernte sich dabei, ohne daß sein Aufseher es bemerkte, ganz weit von der väterlichen Burg. Hier wurde er von einem Weibe, das im Lande umher ziehend, mit Kuchen handelte, aufgegriffen und entführt. Wie ängstlich und eifrig auch die Eltern nach ihm suchten, er blieb zu ihrem großen Schmerze verschwunden. Alle Länder der Nachbarschaft mit ihrer Waare durchziehend, mußte der Knabe dem Weibe folgen und ihr beim Verkaufe der Kuchen hülfreich Hand leisten; so kam sie auch mit ihm nach dem Harz und auf das Haus Plehse.

Der Herr der alten Plehse sah mit Verwunderung den schönen Knaben und hatte dabei so eigene Gedanken, daß er neugierig die Frau fragte, "ist das euer eigener Sohn?" Obgleich das Weib es aufs heiligste versicherte, so glaubte er es doch nicht und fragte den Knaben selbst: "wie heißt du?" Ohne Zögern antwortete der: "Plehsen!" Jetzt ließ der Herr nicht nach, sie mußte ihm gestehen, wie und auf welche Weise sie das Kind an sich gelockt und aus Mecklenburg entführt habe.

Hierauf sandte der alte Herr den Knaben seinen trostlosen Eltern zurück und man kann es sich leicht ausmalen, wie glücklich und Gott dankend sie den schon verloren Geglaubten ans Herz drückten. Veranlaßt durch dies eigenthümliche Geschick, nannten scherzend die Leute den Knaben "den Kuchenbäcker". "Aber später" sagte er dann, "bin ich ein reicher Mann, dann, habt nur Geduld, will ich drei Kuchen backen, wovon Kind und Kindeskind noch erzählen sollen!"

So ließ er denn die drei Rittersitze zu Barnekow, Damshagen und Grundshagen erbauen und diese nannte er seine drei steinernen Kuchen!

Räuber Wockerpennig

Auch eine wohlorganisierte Räuberbande gab es vor mehr denn 80 Jahren in Mecklenburg, die die Gegend um Dömitz durch ihre Frechheit und Gewaltthätigkeit in Furcht und Schrecken setzte.

Der Räuberhauptmann Wockerpennig, welcher mit 8 Genossen in Dömitz selbst wohnte, verübte von hier aus, sowohl im Lande als auch im Preußischen und Hanoverschen, bei der Elb und Elbeschiffern so viele freche Einbrüche, daß es sich dabei oft um Leben und Tod handelte und die Leute sich gezwungen sahen, überall bewaffnete Wächter anzustellen.

Einst drangen sie bei Abendzeit in die Wohnung eines Bäckers ein, raubten in mehrerer Gäste Gegenwart, nachdem sie den Wirth niedergestoßen, die Casse mit ihrem Gelde und ihren Präziosen und gingen lärmend fort, von Niemand gehalten; die Polizei-Offiziere waren auf offener Straße ihren Räubereien ausgesetzt, gingen ihnen daher aus dem Wege, so gut es sich thun ließ. Einbrüche, Raub, Brandstiftung waren seit Dezennien an der Tagesordnung, und Alle athmeten erleichtert auf, als endlich auf Betrieb des Amtes Grabow die Bande gefänglich eingezogen wurde, wobei es sich durch das Geständniß eines 14jährigen Knabens herausstellte, daß auch sie in Neu Göhren den gewaltthätigen Einbruch und Raub verübt, bei welchem fünf Menschen lebensgefährlich verwundet wurden.

Als der Hauptmann und einer seiner Genossen, unter denen sich ein berüchtigter Elbpirat befand, von Dömitz nach Grabow transportiert wurde, sagte er frech zu den Leuten, die auf dem Markte seiner Abführung beiwohnten: "es befänden sich unter ihnen noch größere Verbrecher wie er!" Mit der Gefangenschaft dieser Räuber hörten jedoch noch nicht alle Diebstähle an Werthsachen und Vieh auf, noch mancher Brand fand statt, aber mit dem Anführer hörte die freche Dreistigkeit auf und es kehrte allmählich Ruhe und Friede wieder in Dömitz ein, und Jeder hoffte, daß die gewiß harte Strafe der Gefangenen die Uebrigen auf bessere Wege zurückführen würde.

Im höchsten Grade bestürzt, vernahm man nun die Kunde, daß Wockerpennig und seine Schar aus dem Grabower Gefängnis entsprungen sei, ungeachtet aller möglicher Vorsichtsmaßregeln. Glücklicher Weise gelang es, nach zwei Tagen die ganz Entkäfteten dadurch wieder zu entdecken, daß ihre Frauen ihnen Lebensmittel und Zeug heimlich zustecken wollten. Ihrer Bestrafung sind sie nicht entgangen, hoffen wir, daß sie ihr vergeudetes Leben bereut!

Die Wegelagerer

Nicht völlig so haarsträubend wie die eben mitgetheilten Zustände in Dömitz, doch nicht viel weniger gefürchtet, war eine Fahrt durch das Raben-Steinfelder Holz, wo sich fast zu allen Tageszeiten Wegelagerer herum trieben, die die Reisenden auf freche Weise ihrer Effecten beraubten.

Ihnen zu entgehen durch rasches Fahren, war theils durch die grundlosen Wege eine Unmöglichkeit, theils aber auch verhinderte es die große Finsterniß, da die dicht zusammen gewachsenen hohen Bäume am Wege kaum ein freundliches Tageslicht durchscheinen ließen; mithin war man bei einem unliebsamen Zusammentreffen mit ihnen, ihnen widerstandlos verfallen.

So ging es einst zwei Brüdern, die von Sternberg kamen; einer von ihnen bemerkte, daß ein Kerl hinten auf ihren Wagen geklettert war und schlug mit der Peitsche nach ihm, worauf derselbe ohne einen Laut auszustoßen, herab sprang aber hinter dem Wagen blieb. Der andere Bruder bemerkt nun, daß sein Korb fehlt und will absteigen, doch in demselben Augenblicke sehen sie fünf andere Kerle sich nähern und sich Gott befehlend suchen sie aus dem unheimlichen Holze, aus dem Bereiche dieser verwegenen Bande zu kommen, was ihnen, einem Wunder gleich, wirklich gelang. Ihren Korb mit Inhalt waren sie zwar los, aber die werthvolleren Sachen im Wagen hatten sie gerettet und konnten sich, auf der Fähre angekommen, bei dem wohlwollenden Wirthe Vater Pfister von ihrem Schrecken erholen.

Es war für die Gegend eine große Beruhigung, daß später eine schöne breite helle Straße durch das Holz, Schwerin mit Sternberg und der Umgegend verband und daß damit den unheimlichen Ueberfällen ein Ziel gesetzt wurde!

Die Klosterkirche

Die Dänen-Königin Margarethe hatte der kleinen Christengemeinde, die sich in ihrer Nähe angesiedelt, so viele Leiden bereitet, sie mit so viel Grausamkeit verfolgt, daß der Papst Clemens sich veranlaßt sah, den harten Kirchenbann über sie auszusprechen.

Als sie nun Wittwe geworden und in Rostock ihren Hof hielt, erwachte ihr Gewissen, sie bereute ihre Härte gegen die Christen und that strenge Buße, was den Papst bewog, sie zu begnadigen und den Bannfluch wieder von ihr zu nehmen.

Zu ihrer Dankbarkeit, im beglückenden Gefühl Vergebung ihrer Sünde erlangt zu haben, wollte sie nun für Gott ergebene Frauen in Dänemark ein Kloster bauen, das der heiligen Margarethe geweiht, von ihr selbst beim Bau beaufsichtigt werden sollte. Sie rüstete zu dieser Reise ein Schiff aus und bestieg das stolze Fahrzeug, das im schnellen Laufen den Hafen verließ, mit frohem Muthe.

Doch kaum hatte es das weite Meer erreicht, als ein Gewitter herauf stieg, wie es noch nie ein Schiffer erlebt; der Sturm hob das Schiff bald hoch auf die erregten Wellen, bald stürzte er es in die gähnende Tiefe! Todesangst erfaßte aller Herzen! Da benutzte der Steuermann kühn seine letzten Kräfte und leitete das Schiff dem sicheren Hafen wieder zu und glücklich erreichten sie wieder das Land. Margarethe war nun zwar aus Lebensgefahr gerettet, aber ihr Verlangen, in Dänemark eine Kirche zu bauen, erwachte in ihr wieder mächtig und ohne Bedenken rüstete sie zu diesem Zwecke abermals ein Schiff aus und bestieg es muthig wieder.

Aber noch im Hafen selbst mußten sie umkehren, denn wieder

und grausiger als das erste Mal, tobte der Sturm und drohte sie zu vernichten. Margarethe war fast verzweifelt aber ihrem Herzenswunsch entsagte sie nicht! Da kam von Gothland nach Warnemünde ein leichtes Schiff, dessen Führer bald von ihr gewonnen wurde und freudig betrat sie mit ihren Frauen das Fahrzeug, das sie hinüber tragen sollte an den dänischen Strand.

Allein auch diese dritte Fahrt sollte nicht gelingen, denn noch grausiger als wie je zuvor, tobte das Unwetter und vernichtete, wie spielend, das Werk von Menschenhand; das Schiff ward zerschlagen und seine tausend Trümmer warf das Meer auf Land.

Aber wunderbar, Margarethe sollte nicht mit untergehen, mitleidig trugen die Wellen sie an den mecklenburger Strand.

Sichtlich hatte ein höherer Wille sie vor dem Untergange bewahrt, sie erkannte, daß nur Gott sie durch seine Engel behütet und in diesem festen Glauben gab sie ohne Kampf den Wunsch, in Dänemark eine Kirche zu bauen, auf und ließ dafür in Rostock, dem heiligen Kreuz zu Ehren, die Klosterkirche prächtig erbauen, in der noch heute fromme Frauen Werke der Barmherzigkeit üben!

Der Fürst der Obotriten

Mistroj, ein Fürst der Obotriten, welcher wohl im Jahr 1000 lebte und über Mecklenburg herrschte, nahm das Christenthum zwar an, fiel aber bald wieder ab, weil ein christlicher Fürst ihm seine Tochter versagte und obendrein ihn einen "wendischen Hund" schalt. Von Rache getrieben verfolgte er nun mit seinem großen Heere die Christen, steckte Homanburg, Hamburg, in Brand und verwüstete den Ort.

Da, als die ganze Stadt in Flammen stand, kam aus den Wolken eine Hand hervor, welche mit ausgestreckten Fingern in die Glut griff und mit Feuer angefüllt sich wieder zurück zog. Das Heer erstaunte, aber Mistroj erschrak heftig und verlor für alle Zeit seine Ruhe, wenn gleich er von nun an jede Verfolgung der Christen aufgab und selbst wieder Christ wurde.

Der Jungfrauenbrunnen

Eine liebliche Königstochter die mit ihrer fürstlichen Mutter die Burg Stargard im Strehlitzschen bewohnte, liebte einen jungen tapferen Ritter, was dem Stolze der hohen Frau Mutter nicht zusagte; sie verbot, um jede Zusammenkunft der Liebenden zu verhindern, daß die Jungfrau die Burg verlassen dürfe.

Aber die Sehnsucht, ihn zu sehen und zu sprechen, war zu groß und so flehte sie den Wächter an, sie unbehelligt aus der Burg für eine kurze Stunde entschlüpfen zu lassen, sie wollte nur bis zur Quelle, wo die Linden ständen und sollte die Mutter gegen Erwarten sie vermissen, so sollte er leise ins Horn stoßen, so käme sie schnell und unbemerkt zurück. Der Wächter ließ sich durch ihre Bitten und einen kostbaren Ring, den sie ihm schenkte, erweichen und die zarte Maid, gehüllt in einen dunklen Mantel, eilt zur Quelle, dem Orte der verabredeten Zusammenkunft.

Da hört sie mit Entsetzen das fürchterliche Gebrüll eines dem Käfig entronnenen Löwen, voll Todesangst entflieht sie ins Dickicht, ihren Mantel verlierend, den der Löwe zerreißt, dann aber sich wendet und sich nicht weiter um sie kümmert. Der junge Ritter, der sich das Fortbleiben der Geliebten nicht erklären kann, findet ihren zerrissenen Mantel, glaubt Blutspuren daran zu entdecken, ahnt daß ein Unthier sie zerrissen und in seinem Jammer stößt er sich sein Schwerdt ins Herz! Endlich wagt die Jungfrau sich aus ihrem Versteck hervor, eilt zur Quelle und findet dort den todten Geliebten.

Ohne Zaudern zieht sie das Schwerdt aus seiner Wunde und stößt es sich ins Herz! Des Wächters Horn erschallt nun zur Warnung, denn die Mutter sucht jetzt ihr Kind, aber weder Wächterruf noch Mutterzorn erwecken die Vereinten, die jährlich, wenn die Linden blühen, dicht aneinander geschmiegt, bei der Quelle einher wandeln und freundlich und still den Kindern zuwinken, die ihnen begegnen.

Der Wärter des Löwen ist wegen seiner Fahrlässigkeit hart bestraft, die Quelle unter der Linde ist nicht allein stets ausgemauert geblieben, sondern auch die Gemahlin des Herzogs, Elisabeth, hat sie aufs Neue ummauern und mit dem fürstlichen Wappen schmücken lassen.

Der schwarze See

"Der schwarze See" am Fuße der Hohenburg im Schlemminer Walde hat merkwürdig dunkle Fluthen und aus einem darin klaffenden Schlunde hört man in mitternächtlicher Stunde oft den schauerlichen Ruf: "Wehe! Wehe!"
Der ihn dort unten ausstößt, war einst bei Hochburg im Thale ein glücklicher zufriedener Mann, baute sein Feld, sang fröhliche Lieder und fragte nicht nach Reichthum und Wohlleben. Nun aber brach ein Krieg aus, sein Häuschen zündete der Feind an und raubte ihm sein Vieh, kurz er verarmte gänzlich und in dieser traurigen Lage schwand sein Gottvertrauen, er glaubte nicht mehr an die Wiederkehr besserer Zeiten.
Eines Tages wollte er mit seinem mageren Pferdchen seinen Acker umpflügen, aber das arme Thier kam trotz Fluchen und Schlägen nicht von der Stelle und als es gegen Abend ging, da war nichts beschafft und das Pferd fiel todt um. Nun erwachte die ganze Rohheit des Mannes, er rief den Teufel an, er solle ihm das Feld pflügen und wolle er sich ihm zu eigen geben, wenn er noch heute ihm den Acker bestelle. Da brauste es auf in dem dunklen See und ein stattliches Roß, schwarz wie die Nacht, erhob sich aus den Fluthen und trabte auf den Fluchenden zu. Wohl schauderte er, aber dennoch legte er ihm das Sattelzeug auf und unaufhaltsam zog sich Furche um Furche.
Als sich der Abend nun neigte, war die Arbeit gethan und als der Bauer das Pferd besteigt, um nach Hause zu reiten, da war er in der Gewalt des Teufels; das Pferd hob sich unter ihm hoch empor und stürzte dann sich mit dem Reiter in den See hinein, nicht achtend auf den jammernden Ruf seiner Beute: "Wehe! Wehe!"

Die Inselsbrücke

Wenige Schritte hinter dem Dorfe Galenbeck fließt der See gleichen Namens zwischen Wiesenflächen hin. Gegenüber liegt eine mit dunklem Laub bewachsene Halbinsel, zu welcher die sogenannte "Inselsbrücke" führt, die ihren Namen von einem von der Natur gebildeten Damm erhielt.

Hier erzählt die Sage: Zu jener Zeit wo ringsumher im Lande noch Alles katholisch war, lebte in Galenbeck der Bauer Christoph Petychow, ein wüster Mensch, der sich weder um seine Wirtschaft noch um die Ermahnungen seiner alten Mutter kümmerte, welcher es schlecht ergangen wäre, hätte die treue Dienstmagd Catharine Noirewskow sich nicht ihrer, der Wirtschaft und des Viehes erbarmt.

Catharine war ein junges sehr hübsches Mädchen, um deren Gunst und Hand die jungen Männer des Dorfes sich vielfach bemühten; sie schlug aber alle Bewerbungen aus, denn im Grunde ihres Herzens lebte noch immer die Liebe zu Christoph und die Hoffnung, daß er, der einst ein prächtiger braver Mensch war und nur durch die Jahre, wo er als Kriegsknecht diente, verwilderte, wieder sich bessern würde, wenn sie ihn liebevoll auf den rechten Weg zurück zu führen nicht ermüde, denn sie fühlte, daß er, ungeachtet mancher ihr von ihm zugefügten Kränkung, dennoch die alte Liebe nicht ganz vergessen hatte.

Jeden Morgen trieb der faule Mensch selbst seine Heerde nach der oben erwähnten Halbinsel, streckte sich, während seine Heerde graste, unter einem Baum aus, aß, zechte, liebelte mit den vorüber ziehenden Dirnen, kümmerte sich um nichts in der Wirtschaft und haderte mit Gott, daß er ihn durch den See zu einem weiten Umwege zwinge und er daher nur im Schweiße seines Angesichts sein Brod essen könne.

Mit dieser bitteren Klage hatte er sich eines Tages ins hohe Gras geworfen, als ein stattlicher Reiter des Weges daher getrabt kam und ihn um den nächsten Weg nach dem Dorfe befragte. Der Faule zeigte über den See und gähnend sprach er: "Da müßt Ihr hinaus kommen und wäre der Weg durch die Heide nicht weiter, so könnte es sein, daß ich mit Euch ginge." Der Fremde, der ein hochrothes Kleid und einen Hahnenfeder am Hals trug, entgegnete mit Lachen: "Du bist ein Geselle, den ich gern mag, Du zögest auch wohl nicht, wenn ich, wie hier, so überall, Dir eine bequeme Brücke schlüge?" "Gewiß, spottete Christoph, wenn ich bis dahin nicht alt und grau geworden bin." "Ist es Dir so eilig, fragt der Rothrock, sieh, ich bin ein schneller Baumeister; vom Mondesaufgang bis der Hahnenruf erschallt, soll das Werk vollendet sein." "Gebt Ihr nur die gehörige Brücke", sagt Christoph, "ich aber will jetzt ausschlafen, daß ich Euch munter über die Brücke folgen kann, wenn Ihr den Wunderbau fertig habt." Und damit legt er sich gemüthlich zum Schlafe hin, der Reiter aber rief grinsend: "Es ist ein Wort." und jagte davon, daß die Funken stoben.

Dem müden Bauer ward es nun so schwühl und wundersam zu Sinn, er konnte nicht wie sonst die heiße Mittagszeit verschlafen, selbst am Abend, als er heimkehrte, blieb er dem Lärm des Gasthauses fern, und als gar ein Gewitter mächtig drohend herauf zog über den See, da fühlte sich Christoph immer beklommener; er schlich in seine Kammer und versuchte, längst vergessene Gebete zu stammeln, allein seine Gedanken verwirrten sich, ein seltsames Grauen überkam ihn, er warf sich auf sein Lager und verbarg sein Gesicht unter der Decke.

Doch wie er auch die Augen verdeckte, das Ohr konnte er nicht gegen das furchtbare Rollen des Donners verstopfen und dabei beschäftigte sich überdies seine Seele unausgesetzt mit der Begegnung am See; er sah dort den Rothrock auf der Anhöhe halten, umgeben von hundert Gesellen, angethan wie er, aber zur Arbeit geschürzt und seiner Befehle wartend. Unter schrecklichem Gelächter rissen sie ungeheure Baumstämme aus der Erde, schleuderten sie in den See, trugen Massen von Erde und wälzten Steine herbei.

Mit Grausen und klopfendem Herzen sah er das Werk sich fördern, näher und näher rückte die Brücke dem jenseitigen Ufer, da sprang er in Todesangst von seinem Lager auf und flüchtete in Catharines Kammer. Wachend und im eifrigen Gebet fand er das fromme Mädchen; als er ihr Alles ehrlich gebeichtet, bat sie ihn, ruhig zu sein und Gott zu vertrauen; sie bekreuzte mit dem heiligen Kreuze ihn und sich, befahl Gott Seele und Leib und eilte in die stürmische Nacht hinaus.

Auf kein Hindernis achtend lief sie den Ställen zu, störte das Geflügel auf, rief den Kühen zu und ahmte den Hahnenschrei nach. Als das Vieh ihre wohlbekannte Stimme hörte, säumte es nicht, zu brüllen und zu antworten, und besonders that es der Hahn, auf dessen Ruf die Hähne des Dorfes so einstimmten, als wäre der Morgen schon angebrochen. Und wie die junge Dirne so ihr Vieh gelockt, da verhallte der Donner, da legte sich der Sturm, da war es dem zagenden Manne, als entwich der Rothrock mit seinen Gesellen fort in die weite Ferne.

Als aber der Morgen graute, sah die ganze Dorfschaft staunend den fast ganz vollendeten Bau des Dammes. Im einsamen Kämmerlein aber lag Catharine auf den Steinen und dankte Gott für die Rettung des Geliebten, der von nun an sich wieder zu Gott und an seine heiligen Gebote hielt; zu seiner Buße legte er es sich auf, in brennender Mittagshitze alle Steine zu einem Bethäuschen auf dem Rücken nach der Insel zu tragen, welches er erbauen ließ auf der Stelle, wo ihm der Rothrock erschien.

In dieses Bethäuschen hat er einen frommen Mönch gesetzt und hat auch der Bau und der Unterhalt dieses Mannes dem jungen Bauer sein ganzes Vermögen gekostet, so gab er es doch mit Freuden für die Rettung seiner Seele hin und Gott hat ihm gnädig verziehen; er beschenkte ihn, seine junge Frau und die alte Mutter durch häusliches Glück, durch das Gedeihen seiner Wirtschaft.

Die Prophezeiung

Zwei Mal versuchten es Diebe in Grevesmühlen, in das Haus eines dortigen Bäckers einzubrechen, wurden aber stets durch die Wachsamkeit des Gesellen daran gehindert.

Als sie auch zum dritten Mal unverrichteter Sache abziehen mußten, ließen sie einen Zettel zurück, auf dem die Worte standen: "Jochen mag oben oder unten liegen, wir werden die Gelder dennoch kriegen!" Ob die poetische Prophezeiung sich erfüllt, ist nicht erzählt. 1823.

Der Sturm

Nach erfolgreichem Unternehmen kehrte ein Kaufherr zu Schiff aus fernen Landen nach Wismar zurück; schon glaubte er, die Thürme seiner geliebten Vaterstadt zu erblicken, glaubte die Hochburg des Hamberges (eine bedeutende Anhöhe hinter Grevesmühlen) zu unterscheiden, da thürmten sich finstere Wolken am Himmel auf, es naht ein gewaltiger Sturm, der das Schiff weit hinaus ins Meer zurück wirft; die muthigen Schiffer verzagen und der Kaufherr fleht im heißen Gebet zu Gott um Rettung aus ihrer großen Noth und ermahnt die Matrosen durch den frommen Zuspruch, daß Gott ihnen helfen könne und würde, wenn es ihnen gut sei.

Da ward der Sturm gelinder, das Gewitter verzog sich, nur die Blitze zuckten unaufhörlich hernieder, so daß dadurch die Schiffer die drohenden Klippen erkennen, den Strand erblicken und den warnenden Thurm deutlich sehen konnten. Frischer Muth beseelte ihre gesunkene Kraft, der Steuermann kennt nun den richtigen Weg und freudig laufen sie in den schützenden Hafen ein.

Wie der Kaufherr am Ziel seiner Reise in den Armen der Seinen ruht, da eilt er mit ihnen zuerst ins Gotteshaus, um für seine Rettung zu danken und opferte dem Herrn reiche Gaben; den warnenden Thurm aber ließ er erhöhen zum bleibenden Denkmal für kommende Jahre.

Die Segler am Ostseegestade Drewskirchen haben den Thurm Oedeskirchen genannt, der zeigt noch jetzt den sicheren Pfad zum schützenden Strand.

Die Teufelsglocke

Für das Gotteshaus zu Sülten bei Sternberg war eine schöne Glocke soeben gegossen und der Meister, hocherfreut über den herrlich gelungenen Guß rief ihr ein segnendes "Gott leite Dich!" zu.

Dann wurde die Glocke nach dem Orte ihrer Bestimmung gefahren; die Reise ging anfangs gut von statten, da aber kam man an einen hohen steilen Berg, auf den hinauf die Pferde die Last nicht ziehen konnten und der Fuhrmann meinte spottend: "Wer so hoch wohnen wolle, der könne billig auf Erden leichter gehen." Dem Spotte folgten bald derbe Schimpfworte und als das arme Pferd ermattet stille stand, rief der rohe Mann den Teufel um Hülfe an.

Nicht vergebens wird der Böse angerufen, er erschien auch hier sogleich und sagte: "Hier bin ich auf Deinen Ruf, doch ohne Lohn diene ich Niemand; die Glocke ist mein und Du dienst mir hinfort auch!"

Der Höllenfürst trug sie sofort in die Tiefe und der Fuhrmann mußte folgen, muß in der Unterwelt ein trauriges Leben führen, muß die Glocke läuten Tag und Nacht und nur in der Weihnachtsnacht steigt, wenn die Christenheit des Heilands fromm gedenkt, die Glocke in die Höhe und ihr so heller klarer Ton dringt dann tief in das Herz des Aermsten und giebt ihm die selige Hoffnung, daß auch seiner einst Erlösung und Verzeihung wartet.

Das Gottesurteil

Zu Wittenburg brach eine schreckliche Feuersbrunst aus, die Flammen hatten fast die ganze Stadt eingeäschert; endlich war es den schwer getroffenen Einwohnern gelungen, das Feuer zu dämpfen und nun erst konnten sie die ganze Größe ihres Elends ermessen.

Da rief der ehrwürdige Stadtvoigt Berner die Herren des Raths und die rechtlichen Bürger zu sich und sprach unter Thränen zu ihnen: "Gott hat uns schwer heimgesucht, doch hat jeder das Seinige gethan, um zu retten, was möglich war; dies Bewußtsein muß uns helfen, zu tragen, was uns von Gott auferlegt ist und da nun eine gemeinsame Thätigkeit nicht mehr geboten ist, so laßt uns getrost versuchen, aus den Trümmern unseres Glücks und Wohlstandes ein Neues zu gründen."

Während der alte Voigt noch Allen dankte, daß sie so bereitwillig seinen Anordnungen gefolgt, erhob sich von der Brandstätte her ein fürchterliches Geschrei und der tobende Haufe schleppte einen Menschen herbei, den sie unter Verwünschungen als den Brandstifter bezeichneten, der im Neumannschen Keller, wo zuerst die Flammen aufgelodert, gearbeitet und das Feuer angelegt dabei habe; hätte er doch schon früher geäußert, er wolle dem Alten einst einen rothen Hahn aufs Dach setzen.

Zitternd stand der Angeklagte da und rief Gott zum Zeugen seiner Unschuld an, der ihn nicht verlassen würde, darum spreche Er sein Urtheil. "Laßt, bat er, ein Eisen glühen und habe ich den Brand angezündet, so verbrenne meine Hand, mit der ich das Eisen berühre." Es war die Sitte damaliger Zeit, durch solch Gottesurtheil sich von Anschuldigungen dieser Art zu reinigen und so ging der hohe Rath auf dies Ansinnen unbedingt ein. Ein Eisen wurde so glühend gemacht, daß die Funken sprühten und es wie eine Schlange zischte und nun dem Brandstifter hingehalten, der es mit seiner Rechten ergriff und betend rief: "Hilf Gott!" Er hielt den Blick nach Oben gewandt, es dem Volke aufrecht höher und immer höher hin, ohne eine Empfindung des Schmerzes zu verrathen.

"Er ist unschuldig, der Velter", riefen nun begeistert die Zeugen, es entstand ein wahres Frohlocken. Nun erhob der Stadtvoigt seine Stimme und gebot Ruhe: "Der Mann ist unschuldig an der schweren Anklage, Gott selbst hat gerichtet." Zu diesem Augenblicke ward das Eisen in der Hand des Unschuldigen unsichtbar, es war verschwunden wie durch Zauberei, nur einige Leute wollten gesehen haben, daß ein feuriger Streifen, über ihre Köpfe weg, nach der Stadt hingezogen sei und sich bei einem Aschenhaufen gesenkt habe.

Nach dem Brande entwickelten die armen Wittenburger eine große Thätigkeit, um das zu sichern und zu retten, was der Gewalt des Feuers widerstanden; Vater Berner hielt Ruhe und Ordnung aufrecht und die Bürger räumten nach und nach Schutt und

Asche fort und begannen, neue Wohnungen zu gründen, neue Häuser zu bauen. Gott segnete ihren Fleiß und nach einem Jahre war fast die ganze Stadt wieder aufgebaut und nur wenige Spuren von der schrecklichen Verwüstung noch vorhanden.

Da begab es sich eines Tages beim Pflastern einer Straße, daß ein Arbeiter eine eiserne Stange fand unter dem alten Steinlager, das er aufbrechen mußte; er wollte sie heraus heben, zog aber gleich die Hand unter furchtbarem Geschrei zurück. "Was ist Dir, Zanecke", riefen verwundert die anderen Arbeiter, "hast Du Dich verwundet, Du Aermster, hast auch seit Jahr und Tag kein Glück mehr." Zanecke stand händeringend da, es war ihm, als solle die ganze Hand verbrennen! "Aber seht doch, was liegt hier", rief ein Anderer, "ist das nicht ein glühendes Eisen, es zischt ja vor Hitze, was ist das?" Und immer größer wird die Zahl der Neugierigen, die das Wunder sehen wollen.

Da schrie plötzlich eine furchtbare Stimme: "Das ist das Eisen des Velter!" Zanecke, der Steinpflasterer, war es, der den Velter zuerst der Brandstiftung angeklagt und vor Berner geführt hatte; jetzt wurde er ergriffen und ins Gefängniß geführt, gestand er nach längerem Zögern sein Verbrechen ein, das er mit dem Tode büßte.

Die Eisenstange soll noch lange gezeigt worden sein auf dem Rathhause zu Wittenburg.

Brot bis in den Tod

Eine mit Eichen, Buchen und Ulmen bewachsene Ruine, jetzt der Bauhof genannt, findet man bei dem Dorfe Sülsdorf.

Diese zerstörte Ritterburg war gewiß einst die stolzeste und festeste ihrer Zeit und wurde zuletzt wohl meist von Raubrittern bewohnt, war daher unter seinem letzten Besitzer Otto von Plön übel berüchtigt. Auf die Lübecker Kaufleute, die die Landstraße nach Dahsow *[Dassow]* und Schönberg hier benutzen mußten, hatte der Ritter und seine zwei jungen Söhne es vor Allem abgesehen, er überfiel und beraubte sie ohne Gnade, sie mußten sich ihm ergeben, denn an Widerstand war bei der festen Burg und ihrer starken Besatzung nicht zu denken.

Nun kamen Reisende von der Seite von Schwerin, sie gewannen den Hirten Häne zu Rieps, der vertraut mit den heimlichen Wegen und Schlichen Plön's war, der versprach, sie in die Burg zu führen, wenn sie ihm zur Belohnung Brod bis in den Tod geben wollten.

Die List gelang glücklich, sie fingen und erschlugen Otto von Plön und seine beiden Söhne führten sie mit sich fort; auch dem Verräther hielten sie in der Art ihr Versprechen, daß sie ihn, noch auf dem Zuge an einem Baum erhängten und riefen ihm lachen dabei zu: "Nun hast Du Brod bis in den Tod!"

Auf dem Riepser Felde wird noch die Eiche gezeigt, an der sie ihn erhängten und das Land umher führt noch den Namen "Hänenbrook".

Die Sauglocke

Anno 1229 wurden auch in Mecklenburg die Antonius-Brüder, ein Bettelmönch-Orden, bekannt. Sie durchzogen das ganze Land und baten um Almosen mit den Worten: "Bedenkt de armen Bröder un vergatet Tonnier (Antonius) Ferkel ok nich!" Dann empfingen sie reichlich Korn, womit sie das herum laufende Ferkel mästeten, bis es satt war und ein mageres dann an seine Stelle trat. Sie führten ein schmutziges Leben, hatten eine Glocke in den Händen wie die Stummen, daher das Sprüchwort: "Mit der Säuglocke läuten!"

Ihre Spuren findet man in den Kirchen zu Brüel und Sülten, wo sie über den Altären den heiligen Antonius mit einer Sauglocke und einem Ferkel, welches unter seinem Mantel hervor guckt, haben aufstellen lassen.

Die Kraft der Quelle

An einem schwülen Sommertage kehrte nach 20 Jahren ein kunsterfahrener Waffenschmied aus Plau in seine Heimath zurück; er war als ganz junger Mensch ausgewandert, um in der Ferne das Glück zu suchen, was er hier nicht zu finden glaubte, kam aber verarmt, enttäuscht und verbitterten Gemüths nun wieder in das Vaterland und zu seinen Geschwistern zurück.

So war er bis unweit Sternberg gekommen und hatte sich an einem lieblichen Gebüsch am Wege erschöpft gelagert und dachte schwerlich darüber nach, wie er die Jahre so nutzlos vergeudet, wie traurig es um seine Existenz stand. Da stürzten Thränen aus seinen Augen, er mußte bitterlich weinen!

Nun rauschte eine silberhelle Quelle, die er vorher nicht bemerkt, neben ihm; es war ihm, als spräche sie Worte des Trostes zu ihm und seinen Kummer vergessend, trank er begierig das mit hohler Hand geschöpfte Wasser, welches ihn so mächtig stärkte, daß er sich entschloß, in die nahe Stadt zu gehen.

Da kam eine Jungfrau, fleißig die Spindel drehend, von der Anhöhe daher; seine ärmliche Gestalt erregte ihr Mitleid und sie fragte ihn, ob er müde sei. "Ja wohl", sagte er, lebensmüde und todesmatt, "und nur dem wohlthuenden Wasser dieser Quelle verdanke ich die Kraft zu dem Entschluße, noch jetzt zur Stadt zu gehen." Ganz befremdet erklärte das Mädchen, daß sie noch nie hier eine Quelle gesehen, so oft sie doch schon des Weges gekommen zu dem frommen Einsiedler nach seiner im nahen Walde gelegenen Klause, um von ihm Rath zu holen für ihre kranke Mutter.

Sie führte jetzt den armen Menschen zu dem guten ehrwürdigen Klausner, der ihn durch frommen Zuspruch aufrichtete und durch Speise erquickte und ihm mittheilte, daß er stets heilende Kräuter, die den Menschen wohlthätig wären, sammle, aber jene stärkende Quelle habe er noch nie gesehen. Nachdem Johann schon mehrere Tage bei dem Einsiedler verweilt, kam die Jungfrau in großer Besorgniß wieder zu ihnen, denn die gute Mutter war bedeutend kränker geworden; nun rieth der Klausner selbst, der Kranken von dem merkwürdig stärkenden Quellwasser zu geben, welches doch dem Wanderer so wohl gethan; der erbot sich sogleich, mit ihr zu gehen und ihr die Quelle zu zeigen.

Unterwegs sprachen sie von ihren Familien und ihren Verhält-
nissen und dabei erwies es sich, daß die in Plau wohnende Mutter
des Heimgekehrten, die Schwester der kranken Frau in Sternberg
war. Beide waren herzlich erfreut über diese Beziehungen zu
einander, besonders, weil die ganze Familie sich so sehr um das
Geschick des Ausgewanderten beunruhigt hatte. Das junge Mädchen brachte nach einigen Tagen dem so nahe Verwandten, der
sich durch die Wohlthat der Quelle fast ganz erholt hatte, einen
neuen Anzug, damit er sich beim Wiedereintreten in den Kreis
seiner Familie anständig kleiden konnte.

Herzlich von Allen empfangen, faßte er wieder frischen
Lebensmuth, übte mit Fleiß und Erfolg die Kunst der Waffen-
schmiede, und als die Mutter, geheilt ebenfalls durch die segens-
reiche Kraft der Quelle, völlig gesund war, gab sie gern ihre Ein-
willigung zur Verheirathung der jungen Leute, die Gott so wunderbar zusammen geführt und der alte Klausner segnete freudig
ihren Bund.

Die lustig sprudelnde Quelle brachte vielen tausend Kranken
Genesung und Stärke, bis einst die Mönche zu Sternberg den Brunnen an sich gebracht und nur gegen schweres Geld den Leiden-
den die Benutzung desselben gestatteten.

Die wohlthätige Natur zürnte ob solchen Frevels und entzog
den gewinnsüchtigen Mönchen und zum Leidwesen der Kranken
dem Brunnen die wundersame Heilkraft.

Träume sind Schäume

Nicht immer bewährt sich die Wahrheit des Sprüchwortes:
"Träume sind Schäume", denn hin und wieder zeigen Träume kommende Ereignisse uns vorher oft schon recht beängstigend an.

So auch hier: Der 16jährige Sohn eines Bürgers in Malchow
träumte in einer Nacht vom Sonnabend zum Sonntag mit der größten Deuthlichkeit, daß bei dem sogenannten Sternhagen ein Kind
im Wasser läge. Am Morgen erinnert er sich zwar sehr genau des
lebhaften Traumes, geht aber unbekümmert darum zur Kirche.

Hier aber läßt ihn ein eigenthümlich beklemmendes Gefühl nicht Rast noch Ruhe. Ohne das Ende des Gottesdienstes abzuwarten, kehrt er nach Hause zurück, um ein Boot zu nehmen und nach der ihm im Traum angegebenen Stelle zu rudern.

Das Boot ist aber anderweitig benutzt und er dadurch gezwungen, für den Augenblick sein Vorhaben aufzugeben. Aber keine Beschäftigung, kein Zuspruch der Seinen bewältigt die innere Angst und gleich nach Tische besteigt er den indeß wieder angelangten Kahn und rudert ohne Aufenthalt nach der ihm so klar bezeichneten Stelle, wo er sogleich, einige Ellen tief im Wasser, ein neugebornes Kind liegen sieht.

Nach Hause zurück eilend um Hülfe zu holen, lacht man ihn nicht nur aus, sondern bedroht ihn mit Bestrafung, wenn er diese abentheuerliche Erzählung seines Traumes und seines Fundes noch weiter verbreite. Da er aber nicht aufhörte, die Wahrheit seiner Aussage zu behaupten, er auch sonst stets ein aufrichtiger Mensch war, so bestiegen endlich mehrere Männer in Begleitung eines Arztes das Fahrzeug, wo sie denn auch in der That einen, zwei bis drei Tage alten Knaben aus dem Wasser hervor holten.

Die ganze Stadt kam in Aufregung; es gelang der Obrigkeit sehr bald, die unnatürliche Mutter ausfindig zu machen, die den Lohn ihrer That empfing!

Merkwürdig war es, das zur selben Zeit eine Schwester dieser Kindesmörderin in Spandau ihre Strafe für ein gleiches Verbrechen verbüßte!

Die Begnadigung

Zum Großherzoglichen Schlosse zu Schwerin war vielleicht vor hundert Jahren durch die Unvorsichtigkeit des Feuerböthers Bruhn Feuer entstanden, welches aber durch die Schildwache im Schlosse rechtzeitig entdeckt wurde, auf dessen Hülferuf es gelang, das Feuer zu löschen, ehe es größeren Schaden angerichtet.

Da die Untersuchung ergab, daß Bruhn durch große Fahrlässigkeit das Unglück verschuldet, so wollte der sehr erzürnte Herzog ihn ins Gefängniß werfen und sollte ihm der Prozeß gemacht werden.

So stand für den Aermsten die Sache schlecht, da trat die letzte fürstliche Bewohnerin des Schlosses, Prinzeß Ulrike, welche in dem Gewölbe der Schelfkirche ruht und dasselbe schloß, nun für ihn ins Mittel. Der Herzog Ludwig war nämlich ein großer Freund der Dichtkunst und wer in jener Zeit ein Anliegen hatte, der trug es in einem Gedichte und am liebsten, in einem plattdeutschen vor, welche Sprache der Herzog gern mochte. Und weil eben der Herzog die Poesie so liebte, so hielt er seine Kinder frühe an, in Reimen zu machen und ihre kleinen Bitten und Wünsche in Versen ihm vorzutragen.

Dies benutzte Prinzeß Ulrike, um den armen Bruhn zu retten; sie überreichte ihrem Vater nachstehendes Gedicht, welches dann auch den Unwillen des Herzogs dämpfte und die Begnadigung Bruhns erwirkte.

> Herr und Vater, darf ich's wagen,
> Nur ein Wörtchen Dir zu sagen,
> Soll es ganz in Kürze sein:
> Stelle doch Dein Zürnen ein!
> Laß Dich wieder freundlich sehen,
> Laß Gnad vor Recht ergehen,
> Schone doch den armen Bruhn,
> Er will's auch nicht wieder thun!

Das Maaß ist voll

Der Küster von Möderitz hatte die traurige Angewohnheit, jeden Abend in das Wirthshaus zu gehen, um dort mit seinen Freunden fröhlich die halbe Nacht zuzubringen.

Dies bekümmerte seine Frau aufs Aeußerste; auch fürchtete sie die ernsten Vorwürfe des Pastors, so wie auch die nächtlichen Gänge durch den "tiefen Grund", in welchem es gerade um diese Zeit nicht geheuer war, denn ein böser Geist hatte hier schon oft den einsamen Wanderer erschreckt und verfolgt. Eines Tages war nun der Küster von dem Pastoren beauftragt, vom Kaufmann zum Osterfeste Wein und Oblate zu holen; leider führte der Weg dorthin den leichtsinnigen Mann beim Wirthshaus vorbei, das so einladend zu winken schien - der Küster konnte diesem Wink nicht widerstehen, er ging hinein, fand dort die alten Bekannten alle versammelt beim Glase Bier; er blieb, lachte und trank bis es fast Mitternacht ward.

Da erwachte in ihm das Gewissen; er machte sich schuldbewußt auf den Heimweg, auf welchem wohl gegen ½ 1 Uhr plötzlich ein Fremder ihm zur Seite ging, der ihn anredete und ihn trotz der großen Dunkelheit zu erkennen schien, denn er nannte ihn mit Namen. Verwundert fragte der Küster: "Ihr kennt mich?" "Nun ja", antwortete der Fremde, "ich bin ja des Schäfers Knecht und will nach des Tages Last und Arbeit jetzt nach Hause gehen. Euch geht es besser. Ihr habt keine Sorgen, könnt fröhlich beim Glase Wein Euch des Lebens freuen. Heute habt Ihr wohl eingekauft?"

Da klagte der Küster, er habe auch sein Päckchen Noth, habe nur karge Einnahmen, die die Bauern noch schmälerten durch schlechte Würste und faule Eier, und dabei müsse er sich Jahr aus, Jahr ein, mit ihren ungezogenen Kindern abquälen und könne zum Fest für sich und seine Frau kaum ein Gläschen Bier herbei schaffen.

Nach diesem Klagen, die der Fremde geduldig angehört, spricht er aber: "Ich bin nicht des Schäfers Knecht, sondern ein Geist und besitze die Macht, Dir Reichthum und Ehre zu geben in Hülle und Fülle; ich will Dich groß machen, will Dir Alles geben, was Dein Herz sich wünscht, doch nach 40 Jahren des reinsten Glücks bist Du mein mit Leib und Seele! Laß uns diesen Bund schließen, Du wirst es nie bereuen!"

Der Küster war entsetzt über die Sprache des Fremden und erklärte fest, lieber hier auf Erden recht und schlecht zu leben, als einst in der Hölle zu braten.

Da lachte der Teufel ihn tüchtig aus, denn er habe längst das lustige Treiben des Küsters gekannt, und, setzte er nun höflich hinzu: "Du mußt doch Dich mir ergeben, Dein Maaß ist voll", und dabei streckte er seine Krallen nach dem erschrockenen Manne aus; der aber wich voll Grausen zurück, holte zerknirscht aus der Tasche das fast vergessene Brod und Wein und hielt es dem Teufel mit den Worten vor Augen: "Weich von mir, Du Teufel, nach Deinem Sitz. Ich bleibe der Küster von Möderitz!"

Und das ist er auch geblieben, hat in der Folge nie wieder das Wirthshaus betreten, lebte mit seiner Frau im häuslichen Glück und zufrieden mit seinem immerhin beschwerlichen Amte bis an sein seliges Ende.

Der Klatthammel

In der Rostocker Heide führten des Nachts Hirtenknaben die Pferde; einige dieser Knaben hatten in der Nähe eines Bruches ihren Weideplatz, wo sie sich der Kälte wegen oft ein Feuer anzündeten.

Aus diesem Bruche kam dann im Mitternacht eine von Wasser triefende Gestalt, welche die Jungens deshalb "Klatthammel" nannten. Nun war einst ein Jäger zu ihnen gekommen, als das sonderbare Wesen erscheint und nach gewohnter Weise bei ihnen herumwirthschaftet, was aber die Knaben nicht beunruhigte, da es ihnen nie ein Leid zugefügt. "Was ist das?" fragte verwundert der Jäger. "Oh, das ist unser Klatthammel", antworteten die Hirten. "Wo willst Du, Geschöpf, hier hin?", sagte der Jäger, "Im Namen Gottes, des Vaters, des Sohnes und des heiligen Geistes gebiete ich Dir, daß Du zur Ruhe gehst!" "Das wollte ich nur hören", antwortete es und seitdem ist es nie wieder gekommen!

Die Tollense-Fischer

Es war strenger Winter, die Tollense bei Neubrandenburg war mit einer dicken Eisschicht belegt, da versuchten die umwohnenden Fischer es, ob nicht ein glücklicher Fischzug ihnen reiche Beute bringen möchte.

Und sie fischten mit so großem Glück, daß sie immer begieriger auf Gewinn wurden; sie fischten ohne Aufhören die ganze Woche und hörten selbst am Sonntage nicht auf.

Nun trat das Weihnachtsfest heran und das feierliche Geläute der Glocken mahnt sie an das heilige Fest; aber wie sie auch die frommen Leute zur Kirche rufen, diese hörten nicht darauf - sie fischten und fischten. Darab zürnte Gott den Frevlern und Er strafte sie durch die Worte:

Sogleich begebt vom See Euch fort,
Weil Ihr das Heilige entweiht
Und heut zu fischen Euch nicht scheut,
So soll vor Weihnacht nie geschehen,
Daß Ihr zum Fang aufs Eis könnt gehn!

Und niemals friert seit dieser Zeit vor Weihnacht die Tollense so fest zu, daß die Fischer darauf fischen können.

Die Unterirdischen

Südöstlich von dem Dorfe Koitzenow, ungefähr ¾ Meilen von Rostock, liegt ein Berg, der Mönken-, Golden- auch Hexenberg genannt, in welchem vor Zeiten Unterirdische wohnten, die mit den umwohnenden Menschen in Frieden lebten und denen sie gern Gefälligkeiten erwiesen; wurden sie aber beleidigt, so wußten sie sich empfindlich zu rächen.

Bei diesem Berge liegt ein großes Torfmoor, damals mit Holz und Busch dicht bewachsen. Hierhin führte die Jugend des Dorfes nach damaliger Sitte des Nachts die Pferde; diese Hirten waren auch gewöhnlich selbst zu Pferde und machte es ihnen dann ein großes Vergnügen, tüchtig mit ihren Peitschen zu knallen, was aber den Unterirdischen im höchsten Grade zuwider war und sie veranlaßte, den jungen Hirten deutlich zu zeigen, wie sehr sie dadurch in ihrer Ruhe gestört wurden.

Unter diesen Knaben zeichnete sich einer durch fortwährendes Knallen ganz besonders aus und bemühte sich dadurch sichtlich, sie zu erzürnen. Als er einst in recht heller Nacht wieder das Knallen recht eifrig betrieb, kam ein kleines Männchen mit einem silbernen, innen vergoldetem Becher auf ihn zu und bot ihm daraus einen Trunk an. Er ergriff auch den Becher, aber da er nichts Gutes ahnte, wandte er rasch sein Pferd und jagte davon auf dem Weg nach Biestow und Rostock.

Der Unterirdische eilte schnell hinter ihm her, mußte aber, als er an einen Kreuzweg kam, wieder umkehren, denn über solchen können sie nicht fort. Der Knabe, der sich immer noch verfolgt glaubte, hielt nicht eher an, bis er, den Becher noch immer in der Hand, Biestow erreichte. Von der im Becher sich befindenden Flüssigkeit war viel verschüttet bei dem tollen Ritt, und wo davon das Pferd begossen war, da war alles verbrannt.

Der Knabe war froh, dieser Gefahr, in die er sich muthwillig begeben, entronnen zu sein, er dankte Gott und schenkte den Becher der Kirche in Biestow!

Der Riß in der Mauer

Der Herzog Carl Leopold regierte von 1713 bis 1747 und residierte eine Zeitlang in Dömitz, wo damals ein Bürger Namens Beatus lebte, der sich die allgemeine Liebe und Achtung erworben.

Wie es aber im Leben sich oft ereignet, hatte der rechtschaffene Mann auch seine Feinde, unter denen sich sein eigenes Dienstmädchen befand, welches behauptete, er habe ihr einen mit Hexenformeln beschriebenen Zettel eingeben wollen, um sie so zu behexen.

Beatus wurde hierauf verklagt; im Verhör betheuerte er zwar fest seine Unschuld, doch ließ dessen ungeachtet der Herzog, allein auf die Behauptung des Mädchens sich stützend, ihn ins Gefängniß werfen und auf die Folter spannen. Der Aermste ertrug seine schrecklichen Qualen mit Standhaftigkeit und Ergebung, aber auch unter steter Versicherung seiner Unschuld, selbst da noch, als man immer höhere Grade der Tortur anwendete.

Da, dem Tode nahe, flehte der Gefolterte inbrünstig zu Gott, Er möge doch seinen Peinigern ein Zeichen seiner Unschuld geben - da zerriß mit furchtbarem Gekrach die Mauer seines Gefängnisses! Schnell ward dem Herzoge das Vorgefallene berichtet, der sich sogleich durch einen unterirdischen Gang nach der Bastion begiebt, wo er befielt, sogleich Beatus frei zu geben und für seine Genesung die größte Sorge zu tragen.

Bald hierauf starb in Dömitz der dortige Kastor und der Herzog verlieh die erledigte Stelle unserem Beatus, in der er noch lange Zeit in Ehren gewirkt, doch seine ausgetheilten Maulschellen sind lange im Gedächtniß geblieben, die seiner ausgereckten Hände wegen, mit denen er beide Sciten des Kopfes zugleich berührte, von den Schülern sehr gefürchtet waren.

Den Riß in der Mauer hat man noch lange gezeigt; später ist sie zerfallen und erst in neuester Zeit, als man die Festungswerke ausbesserte, durch eine neue ersetzt.

Der Gehängte

In Alt-Strelitz vor dem Brandenburger Thor stand in uralten Zeiten der Galgen; vor vielen Jahren ist nun einmal der alte Fischer Eichholz an demselben vorüber gekommen, als der Körper eines Gehängten noch daran hing.

Der Fischer kam von Thurow, wo er wohl des Guten etwas zu viel gethan, daher er in übermüthiger Laune ohne sich etwas Böses dabei zu denken, den dort Hängenden spottend zurief, doch herunter zu kommen und mit ihm Abendbrod zu essen. Kaum hatte er diese frevelhaften Worte gesprochen, da stieg das Gerippe von dem Galgen herab und kam zu seinem Entsetzen, drohend mit der Hand winkend, gerade auf ihn zu und sprach mit hohler Stimme zu ihm: "Bist Du morgen Nacht 12 Uhr nicht pünktlich wieder hier, so hole ich Dich!" und damit verschwand es.

Halb todt vor Schrecken kam Eichholz im Hause an und eilte in seiner Noth zu seinem Prediger, dem er Alles genau beichtete und ihn dann um Hülfe und Beistand dringend bat. Dieser war sonst ein kluger Mann, hier aber wußte er keinen Rath, sondern konnte nur den Ausweg ersinnen, daß Eichholz thun müsse, was der Geist von ihm gefordert, doch wolle er selbst mitgehen und versuchen, ihn zu retten.

Am andern Abend spät trat nun der alte zitternde Mann, begleitet von dem Prediger und dessen Freunden, den sauren Gang an; sie hatten ihn in ihre Mitte genommen und so schritten sie unter dem Geläute der Kirchenglocken nach dem Galgen, unter welchem der Erhängte schon stand und mit dem Finger winkte. Als sie ihm dann ganz nahe gekommen, fiel der Fischer auf seine Kniee, betete und rief Gott um Seinen Schutz an; nun nahm er das heilige Abendmahl, gab seinen Begleitern die Hand und ging gefaßt dem Geist entgegen.

Doch als er denselben beinahe erreicht, winkte er ihn zurück und sprach: "Das Gebet und das heilige Abendmahl haben Dich nicht errettet, sondern die Glocken, denn worüber die läuten, das ist heilig; so kehre heim in Frieden, lasse aber künftig die Todten in Ruhe!"

Darauf verschwand der Geist und der Fischer kehrte mit seinen Begleitern hoch beglückt nach Hause zurück.

Am Brautwagen

Ein junges Mädchen in Ludorf bei Röbel sitzt in einsamer Kammer und weint bittere Thränen über ihr unglückliches Geschick, denn morgen soll sie, dem harten Gebot ihrer Eltern folgend, einem ungeliebten, ja verhaßten Mann als eheliches Gemahl in der Kirche zu Röbel angetraut werden.

Theilnahmslos läßt sie sich weinend von ihren Freundinnen Kranz und Schleier anlegen und als die verhängnißvolle Stunde ihrer Vermählung immer näher rückt, wird sie immer bleicher und bleicher, denn die letzte Hoffnung schwindet, als der Mann vorfährt, der sie mit ihrem Verlobten nach Röbel an den Altar bringen soll. Schon sieht sie die Kirche mit dem hohen Thurme, von dem herab nun bald der feierliche Ton der Brautglocke erschallen wird, da entsteigt der beängstigten Brust der Schmerzensschrei: "Ach thäte doch die Erde sich auf und verschlänge uns!" Und sieh, da hallt es wie ferner Donner, die Erde öffnet sich und hinunter sinkt in Nacht und Tiefe, Wagen und Roß, Braut und Bräutigam! Noch jetzt nennt man die Stelle, wo sich dies begab: "am Brautwagen".

Vielfach hat man Nachgrabungen angestellt, die aber stets ohne Erfolg geblieben sind.

Die Jungfrau vom Schloßberg

Von dem Burgwall in Plau erzählt man die Sage, daß sich einst hier die Zinnen und Thürme von der Feste eines weithin gebietenden Fürsten erhoben, wovon der Berg "der Schloßberg" genannt wurde.

Der Fürst gebot über viele Männer, mit denen er die fernsten Gauen erobernd durchzog. Von Fremden gefürchtet, von den Seinen geehrt, gab er glänzende Festgelage und Turniere, zu welchen sich von Nah und Fern die vornehmsten Ritter einfanden. Der Fürstenhof war der Sammelplatz viel gepriesener Kämpfer, die hier aus den Händen schöner, reich geschmückter Frauen den Preis für ihre ritterlichen Thaten empfingen. Aber ein mächtiger Zauberer, den des Fürsten Glanz und Ruhm verdroß, verbannte ihn mit allen seinen Herrlichkeiten von der Oberfläche der Erde. Das Schloß sank mit seinen Thürmen, seinen Zinnen und Bewohnern hinab in den Burgsee, alle Pracht ward in den Wellen begraben!

Viele Jahre hindurch entstieg am Johannestage, Mittags um 12 Uhr, eine holde Jungfrau mit einer goldenen Krone auf dem Haupte dem See. Ihr Antlitz war schön und durch den auf demselben ruhenden Schmerz und Kummer noch reizender. Sie setzte sich dann mit ihrer Spindel auf den Schloßberg und spann den feinsten Flachs, dazu sang sie mit lieblicher Stimme wehmüthige Melodien, deren Töne weithin schallten über Berg und Thal. Sie besang die frühere Herrlichkeit, die der See verschlang. War die Mittagsstunde vorüber, dann stieg sie vom Schloßberg wieder herab und in die Fluthen des Burgsees hinein!

Der Anker

An der Landstraße von Waren nach Penzlin liegt mitten in einer hügeligen Gegend das Rittergut Annershagen; hier lebte einst mit Frau und Kind ein armer Schiffer, kümmerlich von dem geringen Erlange seines Gewerbes.

Als seine Familie immer größer und der Verdienst immer spärlicher wurde, da gerieth der arme Mann in Verzweiflung und machte mit dem Bösen einen Pakt. Jetzt hatte er vollauf zu leben, aber seine Seele hatte er dem Teufel verschrieben.

Eines Tages nun, als er mit seinem Schifflein hinaus fuhr, kam der Böse im Sturm daher gestaubt, faßte ihn mit samt seinem Fahrzeuge, hob ihn in die Wolken und jagte damit hin über Berg und Thal. Dem armen Schiffer war der Vertrag schon längst leid und mit Zittern und Zagen sah er der Stunde entgegen, wo derselbe abgelaufen und er dem Teufel verfallen würde.

Nun war der Augenblick da! In seiner Herzensangst betete er zu Gott und wirft seinen Anker aus; und siehe, er gewinnt einen Halt! In dem Lattenwerk eines Kirchendaches hält sich der Anker fest. Und der Böse, er mag noch so wütend zerren und reißen, er hat keine Macht mehr an dem Schiffer, den die Wolken sanft auf die Erde niederlassen.

Das Dorf aber, wo dies geschehen, wurde zum Andenken an diese Begebenheit Ankershagen genannt. Den Anker hing der Schiffer in der Kirche zur dankbaren Erinnerung auf, und als derselbe später abhanden kam, ließ er einen neuen anfertigen und befestigte ihn an der Kirchenthüre. Dieser ist noch heute dort zu sehen mit einer Inschrift, welche den Anker als christliches Sinnbild deutet!

Die ewige Blüse

An der Westküste Mecklenburgs liegen, von Wismar abwärts, die Insel Pöl *[Poel]* und die Halbinsel Wustrow, beide nur durch eine schmale Wasserstraße von einander getrennt. Durch diese steht die Ostsee mit dem sogenannten Salzhaff in Verbindung, einer etwa zwei Meilen langen Binnensee, welche von geringer Tiefe aber sehr fischreich ist, weshalb sie stets von Fischerbooten belebt ist, in denen in stillen Sommernächten auf eisernem Rost ein großes flackerndes Kienfeuer erhalten wird, um beim Scheine desselben die Aale mit eisernen Widerhaken aus der See zu holen. Diese Art zu fischen nennt man "Blüsen".

Nun lebte vor langen langen Jahren in Wustrow ein Schneider, ein roher wüster Geselle, der sein Handwerk ganz aufgegeben und sich jetzt nur vom Fischfang ernährte, dem er so leidenschaftlich oblag, daß ihm nichts heilig war; selbst am Sonntage sahen die frommen Kirchengänger ihn auf seinem Boote mitten in der See. So war auch einst der Winter verflossen, die Eisdecke von der See verschwunden und am Gründonnerstag Abend war der Spiegel der See so klar und blank, daß die Fischer an diesem Abende zum ersten Male wieder hinaus ziehen können zum Blüsen, wenn dieser stillen Nacht nicht der Charfreitag gefolgt wäre, den jeder Christenmensch in andachtvoller Feier begeht.

So dachte kein Fischer ans Fischen; aber der Schneider, für den es keinen Charfreitag gab, fuhr hinaus, wie sehr auch alle Andern abriethen. Mit seinem leichten Boote war er mitten auf der See angelangt, das Kienfeuer flammte hoch auf und man sah vom Ufer aus, daß er Aal um Aal aus der See hervor zog und sie seinen Genossen zeigte. So war die Mitternacht gekommen, da änderte sich plötzlich die Scene! Die hellen Sterne am Himmel verschwanden, schwarze Wolken verbergen den Vollmond und die Wellen peitschen den Strand.

Als die entsetzten Zuschauer wieder ihre Blicke nach dem verwegenen Fischer richteten, sahen sie zwei Kähne statt des einen, und im zweiten flammte auch das Blüsenfeuer und ein Mann stand aufrecht darin und hielt drohend die Hand ausgestreckt nach dem ersten Kahn. Athemlos sahen sie, daß der Schneider jetzt alle Kraft aufbot, um durch die zischende See das Boot an das Ufer zu bringen - umsonst! Immer folgte der Andere, dessen Boot gespenstisch still die See durchschnitt, keine Hand sah man, die den leichten Kahn trieb und lenkte. Jetzt waren die Fahrzeuge neben einander, jetzt sah man den Fischer auf die Kniee fallen und angstvoll seine Hände gegen die Schreckensgestalt ausstrecken.

Umsonst; noch einmal brauste ein gewaltiger Windstoß mächtig über die See, die Kienfeuer erloschen und Alles war in grause Nacht gehüllt! Mit Entsetzen flohen die am Strande Harrenden, hatte ihnen doch der Herr gezeigt, wie Er die Frevler straft!

Am andern Morgen lag das Boot zerschellt am Ufer, von dem Fischar hat man nie etwas wiedergesehen!

Seit jener Nacht aber sieht man nun die "ewige Blüse" nur, wenn der Sturm die Wogen peitscht, dann gleitet ein gebrechliches Boot still durch die schäumenden Wogen, darin steht ein Mann, gebückt, die Hände gefaltet und wirft sehnende Blicke an das Land, das er nicht erreichen kann. Das Blüsenfeuer flammt im Boote, ruhig und still wie in sanfter Sommernacht, der Sturm vermag es nicht zu löschen. Und wenn ein kühner Fischer es wagt, sich zu nähern, so kann er das Fahrzeug nimmer erreichen, denn es gleitet dann gleichschnell durch die brausende See.

Nur einmal ist es einem Fischer gelungen, sich der ewigen Blüse zu nahen, da kehrte plötzlich sich dieselbe ihm zu, und der sonst so traurig in sich versunkene Mann lenkt mit drohender Gebärde auf den kühnen Fischer ein und verfolgt ihn; nur die Nähe des Strandes macht es ihm möglich, sich zu retten, denn dahin konnte ihm nicht folgen die ewige Blüse.

Der Kreuzknoten

Auf dem früheren Landwege von Sponholz nach Warlin sieht man noch jetzt, jenseits des Waldes, nahe an der von Neubrandenburg nach Friedland führenden Chaussee, eine alte steinerne Brücke, welche über den Mühlendamm führt.

Hier ist es niemals ganz geheuer gewesen und so Manchem ist es schlecht ergangen, der in später Stunde des Weges gekommen; so auch vor vielen Jahren einem auf dem Sponholzer Hofe dienenden Knechte, der spät Abends mit einem leeren Wagen, mit zwei Pferden bespannt, des Weges passierte.

Als er bei der Brücke anlangte, wollten die Pferde nicht hinüber, so viel er sie auch peitschte und antrieb; sie bäumten sich und drängten zurück. Zuletzt fiel dem Knechte ein, daß er einmal gehört, wenn man einen sogenannten Kreuzknoten in einen der Zugstränge schlage, so müsse der Spuk weichen. Er springt eiligst vom Wagen und schlägt solchen Knoten.

Kaum ist er damit fertig, als auch schon die Pferde wie toll anziehen, so daß er kaum Zeit behält, auf den Wagen zu springen und im vollen Galopp kommen die mit Schweiß bedeckten Pferde mit ihrem Führer zu Hause an.

Ritter Kuno

Vielleicht im Jahre 1270 ist die Stadt Boitzenburg *[Boizenburg]* gegründet; vorher soll hier ein mächtiger aber böser Ritter Kuno mit seiner Gemahlin Clothilde gehaust haben.

Er war reich, von den Zinnen seiner stolzen Burg beherrschte er die ganze Gegend; groß war die Zahl seiner Mannen und des Trosses. Aus der Mitte der Burg ragte hoch oben ein Thurm empor, von wo aus er die ganze Gegend und den Lauf der Elbe überschaute.

Wenn er dann aus weiter Ferne die Segel eines Schiffes erblickte, versperrte er den nichts Böses ahnenden Schiffern den Weg durch seine bemannten Boote und ließ die Geängstigten nicht eher passieren, bis sie ihm seinen Tribut entrichtet hatten.

Auch die armen Fischer, die dort einige armselige Hütten bewohnten, wo jetzt die freundliche Stadt liegt, mußten dem Ritter Lachs, Wels, Stöhr, Neunaugen und andere Fische liefern und wehe ihnen, wenn sie säumig gewesen wären, er hätte mit Feuer und Schwerdt ihre Stätten verwüstet. Damals war noch alles Land, wo jetzt blühende Felder sind, ein undurchdringlicher Wald, in welchem der Ritter mit seinen Freunden fleißig der Jagd oblag, denen dann ein fröhliches Gelage folgte.

Doch nicht immer war Kuno aufgelegt zu Spiel und Scherz, bisweilen war er finster und verschlossen, so daß selbst die liebliche Clothilde ihn nicht zu erheitern vermochte, denn an seinem Herzen nagte ein Wurm - er war ohne Kinder.

Wohl hatten sie ein zartes Kind einst gehabt, das war aber bald wieder gestorben und keine Aussicht auf Ersatz erfreute sie jetzt. Nun kam aus weiter Ferne ein Mönch zu der Schloßfrau, dem sie ihr bitteres Leid klagte. Er tröstete sie und rieth ihr, mit ihrem Gemahl nach Rom zu pilgern und dort an den Stufen des St. Peters Domes um Erhörung zu bitten. Beruhigt und getröstet durch die sanften Worte des Mönches, begab sich die edle Frau in guter Stunde zu Kuno, sagte ihm, ihr sei im Traume ein Mönch erschienen, der habe ihr gerathen, sie sollten Beide nach Rom pilgern, zur heiligen Jungfrau beten und sicher auf Erhörung hoffen können. Der Ritter ward von ihrem Flehen tief gerührt und versprach, die Wallfahrt mit ihr zu unterehmen, und sollten sie dort Erhörung finden und ihnen ein Sohn geboren werden, so wolle er ihm eine goldene Wiege anfertigen lassen und das Kind solle in Windeln von Purpur liegen, wie ein geborener Prinz.

Sie pilgerten Beide, von einigen treuen Knappen begleitet, nach Rom; ihr Gebet wurde erhört, denn die heilige Jungfrau hatte ihre Gewährung zugewinkt! Als sie heimgekehrt, ward ihnen nach Jahresfrist ein blond lodiger Knabe geboren und der Ritter ließ, wie er gelobt, für das Kind eine goldene Wiege machen, in der es, in purpurnen Windeln gehüllt, sanft ruhen konnte.

Wie glücklich auch die Eltern anfangs waren, bald stellte sich beim Vater wieder die alte düstere Verstimmung ein; das Einzige, was ihn wirklich erleichterte, war die Jagd, der es sich immer leidenschaftlicher ergab.

So verfolgte er einst auf viele Meilen weit einen Hirsch und als er endlich glaubte, seiner Beute sicher zu sein, erlegte ein Fremder vor seinen Augen das stattliche Wild. Außer sich vor Zorn stürzte sich der Ritter auf den Unbekannten und ehe derselbe es sich versah, lag er schon, von Kunos Jagdspeer durchbohrt, blutend am Boden.

Die Reue folgte der That, allein jetzt war es zu spät, denn wie Kuno sich näherte, lag der Fremde schon sterbend in den Armen seines Knappen. Der Ritter hatte einen großen Frevel begangen; er hatte den Sohn seines größten und mächtigsten Nebenbuhlers getödtet, dem jetzt thränenden Auges der treue Knappe die Leiche bringt.

Außer sich über den Verlust des Sohnes, schwört der alte Vater dem Ritter blutige Rache. Er eilt zu allen Rittern mit der Kunde und Alle schwören, mit ihm gemeinschaftliche Sache zu machen und Rache zu üben an dem frechen Mörder. Um ihn gründlich zu verderben, wandten sie sich an den Deutschen Kaiser, weil er ein Wegelagerer sei, der das Land und die Wasserstraße unsicher mache. Und der Kaiser sprach die Reichsacht über ihn aus und alle Ritter zogen an die Elbe, um das Raubnest, wie sie es jetzt nannten, zu zerstören.

Zuvor sammelte Kuno alle seine Knappen und lehnspflichtigen Mannen um sich und trifft seine Vertheidigungs-Anstalten so gut es geht, allein die übergroße Zahl seiner Gegner, welche theils vom Gefühl der Rache beseelt, theils angelockt durch die zu machende große Beute, ließ ihn nach langer Gegenwehr unterliegen.

Wie der Ritter sich gänzlich verloren sah, raffte er alle seine Kräfte zusammen und begab sich nebst der goldenen Wiege tief unten in den Grund des Schloßbaues und war entschlossen, mit seiner Burg zu stehen oder zu fallen.

Seine Gemahlin entfloh mit dem blond gelockten Knaben durch einen unterirdischen Gang in ferne Länder zu einer einsamen Köhlerfamilie mitten im Walde; ihr Geschlecht soll noch bis auf den heutigen Tag dort fortleben.

Ritter Kuno hielt Wort; als die Belagerer endlich nach hartem Kampfe den Sturm auf die Burg wagten, da zündete er sein Schloß an und begrub sich unter den Trümmern. Die Stürmenden fanden sich bitter getäuscht, sie fanden nur Asche und Staub! Den Ritter sah Niemand wieder! Alles war in Nacht und Nebel versunken, was einst zu Pracht und Reichthum gelangt.

Die Fehde

Auf der Halbinsel Wustrow lebte vor mehr als 200 Jahren ein reicher Gutsbesitzer, ein Herr v. d. K., der auch zugleich der Patron der Kirche zu Alt Gaarz war und dadurch das Recht hatte, mit seiner Equipage auf den Kirchhof zu fahren.

Noch jetzt bezeichnen vier eiserne Ringe an seiner Kapelle den Ort, wo man die Rosse während des Gottesdienstes festband. Um dieses Recht war er schon vielfach beneidet, besonders aber von dem stolzen Herrn v. P., damaligem Erbherrn aus Mechelsdorf, der längst schon nach einer Gelegenheit suchte, dies Recht dem Herrn v. d. K. streitig zu machen.

Nun fuhr er einmal zur Kirche und Herr v. d. K. war noch nicht da; ohne sich zu besinnen befahl er seinem Kutscher, auf den Kirchhof zu fahren und an der Kapelle des Erbherrn von Wustrow anzuhalten. Schon Mittags erfuhr v. d. K., wie freventlich der Mechelsdorfer in sein Recht eingegriffen und zornglühend bestieg er sein Reitpferd und sprengte in stürmender Hast nach Mechelsdorf, um ihn im Duell für die Verletzung seines Rechtes zu züchtigen.

Nur ein einziger Diener begleitete ihn zu Pferde und überbrachte Herrn v. P. die Herausforderung auf Leben oder Tod. Dieser saß eben beim Mittagsmahl, als der Diener des Wustrower Herrn keck in den Saal trat und den Fehdehandschuh seines Herrn ihm vor die Füße warf. Herr v. P. ergrimmte über eine so kühne Herausforderung, langte schnell zwei Pistolen aus seinem Waffenschranke und sprach ohne den Handschuh aufzuheben: "Deinem Herrn soll sein Recht werden!" Herr v. d. K. sprengte seinem Gegener entgegen und donnerte ihm die Worte zu: "Zu den Waffen! Rache dem Beleidigten!"

Doch Herr v. P., ohne ihn einer Antwort zu würdigen, erhob seine Pistole und ohne einen Laut von sich zu geben, sank v. d. K.

durch die Brust geschossen todt vom Pferde, das, als fühle es den Verlust seines Herrn, vom Hofe fortstürmte, gleichsam als wolle es daheim, den ängstlich Harrenden das trostlose Ende desselben verkünden.

Der treue Diener jagte im vollen Galopp hinter drein, auch auf ihn hatte Herr v. P. einen Schuß abgefeuert! Aber auch hiermit war die Rache des stolzen Mechelsdorfer nicht befriedigt; er ließ den Leichnam nach Alt Gaarz schleifen und auf die Dünen am Eingange von Wustrow werfen, wo ihn seine Gutsinsassen fanden, ihn nach dem Schlosse brachten und ihn dann unter lauten Wehklagen in seinem Familienbegräbnisse in der Kirche zu Alt Gaarz beisetzten.

Aber die göttliche Vorsehung strafte bald diese ruchlose That; nur wenige Tage später ereilte auch den Mörder ihr rächender Arm; auch ihn begrub man in der Kirche zu Alt Gaarz, nicht weit vom Altare! Nun aber war der sanfte Friede des sonst so stillen Gotteshauses gestört; die heilige Ruhe im Innern der Kirche wurde durch tobenden Lärm, untermischt mit Waffenruf und Schwerdterklang gestört. Am hellen Mittage sowohl wie in dunkler Nacht vernahm man ein nie endendes Waffengeklirr, als ob zwei erbitterte Feinde im wütenden Handgemenge miteinander im Kampfe lägen.

Dieser Lärm in dem sonst so friedlichen Gotteshause war Allen unerklärlich; es gingen Viele hinein, um die Ursache zu ergründen, aber dann war alles still, entfernten sie sich wieder, so fing der Spectakel aufs Neue an und wurde immer ärger, so daß Niemand sich mehr in die Kirche wagte, wo ruhelose Geister ihre Kämpfe ausfochten, selbst kein Prediger trat mehr über die Schwelle des einst so gern besuchten Gotteshauses. Verödet war die Stätte des Friedens!

Da entschloß man sich, die beiden erbitterten Feinde zu trennen und damit den Kampf zu enden. Die Leiche des Herrn v. P. ward heraus genommen und nach Wismar gebracht; seitdem ist Ruhe in der Kirche zu Alt Gaarz!

Das Petermännchen

Das Petermännchen ist wieder da! Wie freundlich und gutmüthig dasselbe gegen Einheimische und Solche war und ist, die mit Fug und Recht im Schweriner Schloß verkehren, weiß Jeder, aber nicht wie feindlich und erbittert es sich zeigt gegen Jene, die nicht zur alten und geliebten Fürstenfamilie gehören und sich als Fremde Besitznehmer und Eindringlinge hier aufhalten, wie z. B Wallenstein und der französische General Laval.

Als während des 30jährigen Krieges Wallenstein vom römisch deutschen Kaiser Friedrich II ganz Mecklenburg zu eigen gegeben war und seine rechtmäßigen Herrscher ihres angeerbten Stammlandes am 19. Januar 1628 beraubt wurden, da ließ es sich Wallenstein einfallen, nach Schwerin zu kommen und sich in der alten Fürstenburg häuslich niederzulassen. Aber wie hat den das Petermännchen gepeinigt!

Tag und Nacht hat es ihn gequält und gezwickt, so daß Wallenstein schnell den Plan, das Schloß neu auf- und umzubauen, aufgab und sich eiligst wieder nach Güstrow zurückbegab. Glücklicher Weise dauerte sein Regiment auch nicht zu lange, denn schon Ende Januar 1632 kehrten die rechtmäßigen Landesfürsten wieder zurück und als am 22. Februar im ganzen Lande ein kirchliches Dankfest freudig und feierlich begangen wurde, da hat Petermännchen in seiner sichtbaren Gestalt vor Freude und Wonne im Schlosse umher getanzt!

Aehnlich wie Wallenstein erging es dem General Laval. Als Napoleon am 28. November 1806 auch Mecklenburg-Schwerin für sein Eigenthum erklärte und Friedrich Franz I der rohen Ueberhand weichen und sein Land auf kurze Zeit verlassen mußte, da nahm Laval als Gouverneur von Mecklenburg Schwerin auch seinen Sitz im alten Schlosse zu Schwerin.

Und nun ließ Petermännchen nicht lange auf sich warten, um dem neuen Eindringling das Leben in seinem Gebiete nach Möglichkeit zu verbittern; Neckereien und Plagen, Stöße und Püffe, Ohrfeigen und Schläge mußte Laval und seine Leute still hinnehmen, um nicht noch obendrein ausgelacht zu werden, aber es bewog sie, so eilig, wie irgend thunlich, das Schloß zu verlassen, wo ihnen unsichtbare Hände keine einzige ruhige Stunde gewährten!

Der Diebstahl

Es wurde einmal ein bedeutender Diebstahl an Pretiosen und Edelsteinen im Schweriner Schlosse ausgeübt und der Verdacht fiel auf einen alten, sich stets treu bewährten Schloßdiener, da er in der Zeit, wo der Raub geschehen sein konnte, allein im Gemache gewesen war.

Trotz aller Versicherungen seiner Unschuld ward der alte Mann in ein dunkles Gefängniß des Schlosses geworfen und auf elendem Strohlager angeschlossen. Hier sollte er bei Wasser und Brod so lange bleiben, bis er seine Schuld eingestanden und den Ort angegeben habe, wo er die gestohlenen Sachen versteckt.

Wenn nun auch Alles gegen den alten Mann sprach, so war er doch unschuldig; Niemand glaubte es, nur das stets wachsame Petermännchen wußte es; hatte es doch unsichtbar mit angesehen, wie ein Anderer sich in das Zimmer geschlichen und den Diebstahl begangen hatte. Der gerechte Geist war deshalb eifrigst bemüht, den Unschuldigen zu befreien und den Schuldigen zu entlarven und der Bestrafung zu überliefern. Er erschien dem alten verzweiflungsvollen Diener, tröstete ihn, versprach ihm, seine Unschuld an den Tag zu bringen, trug ihm warme Decken und kräftige Speisen zu.

Dem wahren Dieb aber setzte er unaufhörlich arg zu, so daß er es kaum mehr ertragen konnte. Alle die geraubten Schätze riß er mit unsichtbaren Fingern ihm aus der Tasche, streute sie hohnlachend hinter ihm her, so daß es bald allen Schloßbewohnern klar wurde, daß ein Unschuldiger im Gefängnisse schmachte.

Man ergriff nun den rechten Dieb, der zitternd und bebend seine Schuld eingestand. Der alte Schloßdiener ward in Freiheit gesetzt und reichlich entschädigt für die traurige Zeit seiner Gefangenschaft, während den wirklichen Verbrecher das dunkle Gemach aufnahm, in welchem, ohne Petermännchens Trost und Hülfe, der alte unschuldige Mann vor Herzeleid verkommen wäre! Möchte nie ermüden, Gutes zu thun: das Petermännchen im Schlosse zu Schwerin!

Der goldene Kamm

Hart am Kirchsee der Insel Pöl *[Poel]*, auf dem sogenannten Schloßberge, liegt umgeben von hohen Wällen die ziemlich große Kirche des Ortes Kirchdorf mit ihrem spitzen Thurme.

Früher stand an dieser Stelle ein stolzes Schloß mit vielen Zinnen, die weithin sichtbar waren, jetzt überwuchert Gras die Ueberreste der alten Fundamente. In dem Schloßberge sind aber noch viele Gewölbe, in denen viele große Schätze verborgen sein sollen.

Geht man nun zum "Schlatt", wie die Insulaner den Berg nennen, so sieht man zwei Eingänge, die in denselben hinein führen und erst in neuester Zeit zugemauert sind.

Vor vielen Jahren begab es sich, daß drei Knaben am Kirchsee beim Schlosse spielten und dabei auf den Gedanken kamen, in das Gewölbe hinein zu gehen, um zu erfahren, wie es darin wohl aussehen möge; furchtlos traten sie ihre Wanderung an: das erste Gewölbe war nur schmal und nichts darin als die nackten Wände; durch eine offen stehende Thüre kamen sie in ein zweites Gemach, welches größer, aber auch leer und finster war. Nun sahen sie aus der Ferne ein Licht schimmern, darauf steuerten sie zu und erreichten ein drittes Gewölbe, das groß und durch eine Ampel erleuchtet war; die Wände waren mit Perlen bedeckt, welche wunderbar glänzten und große Haufen Gold und prunkende Gefäße lagen und standen umher!

Dem Eingange gegenüber befand sich ein großer Tisch, daran saß auf hohem Stuhle eine steinalte schlafende Frau in abentheuerlicher Kleidung, die in ihrer rechten Hand einen goldenen Kamm hielt. Zu ihren Füßen lag ein schwarzer zottiger Pudel mit stechenden Augen; als das Thier die am Eingange betroffen stehen gebliebenen Kinder sah, sprang er auf und zeigte ihnen seinen großen Zähne; da wurde es ihnen unheimlich, sie fingen an zu schreien und wollten fortlaufen, konnten aber nicht, denn sie mußten wie gebannt fest stehen bleiben.

Ueber ihr Geschrei erwachte die Alte, rieb sich die Augen und sprach zu ihnen: "Kinderchen, kommt nur heran zu mir, der Pudel thut Euch nichts!" Allein, die Knaben standen still wie Bildsäulen, nur ihr Zittern verrieth, daß sie lebten; das Weib aber lachte und rief abermals: "Kommt doch her, Ihr habt Euer Haar noch nicht gekämmt, ich will es Euch thun mit diesem goldenen Kamm. Kämmen mag ich zu gern und es ist lange her, daß ich das letzte Kind gekämmt habe!"

Da ging der eine Knabe hin zu dem Weibe, die sogleich anfing, mit ihrem goldenen Kamm ihn zu kämmen. Allein, wie groß war das Entsetzen der Andern, denn mit dem ersten Streiche verwandelte sich das weiche Haar in zottiges Pudelhaar und je länger sie kämmte, je mehr nahm ihr Spielgenosse die Gestalt eines Pudels an.

Bleich vor Schrecken rannten die beiden Knaben davon und erreichten auch glücklich den Ausgang, wo sie fast bewußtlos zusammen brachen. Erst nach langer Zeit konnten sie ihr Elternhaus wieder erreichen, wo sie von ihrem unglücklichen Kameraden erzählten.

Anfangs glaubte man ihnen nicht, als aber der Aermste nicht wiederkehrte und auch die beiden Andern bald starben, da ward jene Stelle von Jung und Alt gemieden.

Alle zehn Jahre um die 12te Stunde soll das Weib mit dem goldenen Kamme die Pudel auf den Schloßberg schicken, die dann die Kühe, die dort weiden, um die Kirche hetzen; Niemand sieht die Pudel, Niemand hört sie bellen, aber das Vieh brüllt ängstlich und läuft wie von Furien gepeitscht!

Seeräuber Bruhns

An einem Arm der Warnow lagen die Diedrichshäger *[Diedrichshagener]* Berge, in denen ein Seeräuber Namens Bruhns seine Wohnung aufschlug, um von hier aus sein Unwesen auf der Ostsee zu betreiben und den Seehandel zu beunruhigen.

Als im Jahre 1284 Rostock in den hanseatischen Bund aufgenommen ward, da machte man von hier aus Jagd auf die Seeräuber und nahm dabei Bruhns gefangen. In dieser Noth gelobte Bruhns, daß, wenn er aus diesem Gefängnisse entkäme, er ein anderes Leben führen, sein böses Geschäft aufgeben und unfern des Ortes, wo er gewohnt, Gott zu Ehren eine kleine Kirche bauen wolle.

Gott erhörte sein Gebet, er kam frei, baute an einem kleinen Flüßchen, das vom Berge herunter kam, dicht am Strande der Ostsee eine kleine Kirche mit einem hölzernen Thurm und diesem Gotteshause gegenüber, für sich eine kleine Wohnung, in der er sich, seinem Gelübde getreu, vom Ackerbau redlich ernährte.

So entstand das Dorf und der Name: Bruhnshof, Brunshöfen und zuletzt Brunshaupten.

Das Dükemütterchen

Wer je in seiner Jugend in Kirchdorf auf Pöl *[Poel]* gelebt, wird gewiß bis in seine spätesten Jahre die Erinnerung an das Dükemütterchen treu bewahren, denn wie könnte er das Gefühl des Unheimlichen vergessen, das ihn überkam, wenn nur die Rede darauf hindeutete!

Denn obgleich Niemand aus der jetzigen Generation sie gesehen, so wußte doch jedes Kind, daß es sich einst gezeigt, daß man sich ducken mußte tief zur Erde, damit sie nicht aufhockte und man sie schleppen mußte, dieses altersgraue Mütterchen mit den schrecklichen großen Augen und den langen dürren Armen!

In jener fernen Zeit, wo man sie wirklich sah, da riefen die muthwilligen Kinder ihr wohl ein "Düke, Düke Deuwel!" zu, dann aber ergrimmte sie in wildem Zorn; sie verfolgte wüthend die nun so bange Schaar und wehe ihnen, hätte sie sie eingeholt auf ihrer Flucht.

Auch nach ihrem Tode trieb ihr böser Geist dies Unwesen zu aller Leute Schrecken weiter und, um ein Ende damit zu machen und die Kinder von ihrer Furcht zu befreien, ward ein Zauberer herbei geholt, der den unruhigen Geist der Dükemutter in eine ferne waldige Gegend, dem "schwarzen Busch", festbannte. Doch nicht für immer ward ihr die Rückkehr versagt; in jedem Jahre, an einem gewissen Tage, ist es ihr erlaubt, sich ihrer alten Heimath um einen Schritt zu nähern; und mit dieser Aussicht, ihres einstigen Wiederkommens, ihres schrecklichen Aufhockens, verbittern sich noch heute ihre fröhlichen Spiele die Kinder in Kirchdorf auf der Insel Pöl!

Der Werwolf

Durch ihre Unerschrockenheit zeichneten sich von jeher die Bewohner des Dorfes Vietlübbe aus, vorzugsweise aber ein dortiger Bauer.

Dieser war eines Tages nach Lübz geritten, um Einkäufe zu machen, hatte sich aber dabei so verspätet, daß es fast schon dunkel war, als er den finsteren Tannenwald erreichte, durch den sein Weg führte. Als er durch den darin befindlichen Rißbach ritt, ward sein Pferd ängstlich und scheu, und wollte nicht vorwärts. Er staunt über die Unruhe des sonst so frommen Thieres und stieg ab, um es am Zügel zu führen.

Da plötzlich sprang aus dem Dickicht ein Wolf hervor und biß nach dem Pferde, das nun davon stürmte, um seinem Feinde zu entfliehen. Doch die Kräfte des Thieres waren bald erschöpft und der Verfolger sprang gierig ihm an die Kehle. Der Bauer erinnert sich jetzt, daß er von Wölfen in dieser Gegend noch nie gehört, weshalb er nun mit Gewißheit annehmen mußte, daß dies kein wirklicher Wolf, sondern ein Wehrwolf, mithin ein Mensch sei, der sich durch Zauberei in einen Wolf verwandelt habe.

Zugleich aber gedachte er auch, daß man im Dorfe von seinem Nachbar sich längst solche verdächtigen Geschichten erzählt und dabei bemerkt hatte, man müsse solche Leute nur bei ihrem Namen nennen, dann müßten sie sogleich ihre wahre Gestalt wieder annehmen.

Ohne sich lange zu besinnen, rief er dem Wolf zu: "Büst Du dat, Ernst N.?" Kaum hat er diese Worte ausgesprochen, als statt des Wolfes sein Nachbar neben ihm stand und ihn schrecklich bat, von dieser Sache für immer zu schweigen; er wolle dann angeloben, nie solche Teufelskünste wieder zu unternehmen und wollte ihm auch den Schaden an seinem Pferde ersetzen.

Hierauf ging der Bauer ein und Beide haben ihr Versprechen gehalten, denn man hat nie mehr etwas gehört oder gesehen von dem Wehrwolf in Vietlübbe!

Das Alraunmännchen

Das Alraunmännchen spielte einst eine große Rolle und habe ich mehrfach davon Sagen angeführt; jetzt möge über sein eignes Wesen die Aufklärung folgen.

Die Mandragora-Wurzel gewinnt man unter dem Hochgericht, wo sie von den Thränen der gehenkten Diebe entstand. Ein Hund mußte mit dem Schwanze die Wurzel aus der Erde ziehen, während der Ausgräber sich die Ohren zustopfte, weil der Alraun beim Herausgerissenwerden einen Schrei von sich giebt, der den, der ihn gehört, entweder tödtet oder wahnsinnig macht. Die auf so gefährliche Weise gewonnene Wurzel wurde dem Ausgräber auf das Glänzendste bezahlt, denn ein aus dieser Wurzel geschnitztes Alraunmännchen brachte tausendfache Glücksgüter.

Man putzte solche Männchen bunt heraus, hielt sie im Geheimen versteckt und holte sie nur zu Zaubereien hervor an das Licht des Tages!

Die weiße Frau

Daß es im Herrenhause zu Alt Besche nicht ganz richtig war, wußte Jeder und daher wollte auch Niemand gern dort Nachtwächter sein.

Der jetzt diesen Posten bekleidete, sah jede Nacht zwischen 12 und 1 Uhr eine weiß verschleierte Frau aus dem Keller herauf kommen, welche in der einen Hand einen Leuchter und in der anderen ein Schlüsselbund hielt; lautlos ging sie durch das ganze Haus und verschwand dann wieder im Keller; alle Thüren öffneten und schlossen sich vor und hinter ihr ohne jedes Geräusch! Wie der Nachtwächter sich erst an diese seltsame Erscheinung gewöhnt hatte, graute er sich nicht mehr davor, that sie doch Keinem etwas zu Leide.

Nur einmal stand sie still, als wolle sie ihm etwas sagen, doch zog sie dann leise weiter und er beruhigte sich auch; aber ein anderes Mal, als er auf seinem Posten eingeschlafen war und aufwachend sie bei sich stehen sah, da rief er ihr voll Grausen zu: "Wo karrt di da Düwel all wedder her!"

Da bekam er plötzlich einen so großen Kopf, wie ein Faß und konnte in vier Wochen nicht sein Amt besorgen. Nun ging er zum Inspector und schenkte dem reinen Wein ein, worauf derselbe es übernahm, die Sache aufzuklären.

Er blieb mit seinen Leuten die Nacht im Hause, wo um 12 Uhr auch die weiße Frau erschien und leise durch Alle sich hindurch bewegend, wieder im Keller verschwand.

Am andern Morgen ließ der Inspector im Keller nachgraben und man fand dort ein ganzes menschliches Gerippe. In früherer Zeit war hier eine Wirthschafterin ermordet und eingegraben - ihre Seele konnte hier keine Ruhe finden! Der Inspector ließ das Gerippe feierlich auf dem Kirchhof beisetzen und seitdem ist nicht wieder erschienen die weiße Frau von Alt Besche!

Der nächtliche Spuk

Es war in der Mühlenstraße in Schwerin, wo eine alte Mutter vor langen Jahren dem einzigen Sohne Haus und Hof übergab, um daß er sein junges Weib heimführen könne an den eigenen geborgenen Herd.

Mit welcher Liebe hatte die alte Frau alle Einrichtungen getroffen, wie glänzte im Hause Alles so hell und klar! Auch die Küche, der ganze Stolz der Matrone, sah prachtvoll aus mit ihrer großen Reihe glänzend blank gescheuerte Teller, Schüsseln und Terrinen vom feinsten englischen Zinn, sogar spiegeln konnten man sich darin.

Nun kam die junge Frau und staunte über alle Liebe, über alle Pracht, die hier aus jedem Raume ihr entgegen strömten; sie küßte dankbar die welke Hand der Mutter und versprach, Alles ferner so zu halten, wie sie es vorgefunden und wie es im Hause Gebrauch war.

Die Zeiten aber ändern sich, so auch hier; es war der jungen Frau schier unmöglich, sich darin zu finden, daß das Mittagessen auf zinnernem Geschirr auf den Tisch gebracht wurde und sie es von solchem Teller genießen sollte; wozu hatte sie Porzellan und Silber in Fülle mitgebracht, wenn es nicht gebraucht werden sollte? Anfangs bat sie, von dieser längst veralteten Mode abzusehen, aber die Mutter hörte nicht darauf; nun schalt sie, weinte, zankte und der Friede wich weiter und weiter fort und dennoch blieben die zinnernen Teller im täglichen Gebrauch! Die ewigen Reibereien hatten indeß die Gesundheit der alten Frau untergraben, sie kränkelte viel und starb bald.

Nun hatte die junge Frau ihr Reich allein und hätte sich dessen voll und ganz erfreuen können, wenn nicht nächtlich die zinnernen Teller und Schüsseln in der Küche so schrecklich rumort und geklappert hätten, daß kein Christenmensch sich des Abends oder gar des Nachts hinein wagte aus Furcht, der alten Frau zu begegnen, die keine Ruhe finden konnte und daher jede Nacht zurückkehrte, um ihr geliebtes Zinn zu putzen und zu scheuern.

Jahrelang dauerte dieser unheimliche Zustand, der in der That das Leben der jungen Frau verdüsterte, die es bitter bereute, nicht nachgegeben zu haben. Da mußte das alte Haus neu durchgebaut und die Küche verlegt werden; hiermit hörte für alle Zeit der nächtliche Spuk auf und hat nie wieder beunruhigt die späteren Besitzer des stattlichen Hauses.

Die alten Eichen

Die Sagen, die sich an die herrlichen, schon über 1000 Jahre alten Eichen zu Ivenack knüpfen, stehen im Zusammenhang mit jener Zeit, wo Ivenack noch ein Nonnenkloster war.

Von der stärksten Eiche berichtet eine der Sagen, sie sei von einer Nonne gepflanzt worden, welche, obwohl sie Braut war, von ihren Angehörigen ins Kloster gebracht wurde. Sie hat ihren Verlobungsring unter heißen Thränen um den zarten Stamm des aufgesprossenen Baumes gelegt, und seitdem hat derselbe an dem Wachsthum des Baumes theilgenommen und hält den Stamm, wenn auch dem Auge nicht sichtbar, noch heute umschlossen.

Das bleiche Mädchen

Vor ungefähr 2 bis 3 Jahren wurden die Väter der Stadt Rostock von Fremden befragt, was das eigenthümliche helle Läuten vom Kirchthurme, an jedem Dienstage zu bedeuten habe?

Die Herren wurden sehr verlegen, denn sie konnten keinen Bescheid darüber geben, was sie im Stillen doch sehr verdroß und sie bewog, da mündliches Nachforschen nicht half, in den alten Archiven nachzuschlagen.

Das muß aber auch nur flüchtig geschehen sein, denn sie fanden weder eine Urkunde noch ein Testament, und von dem Tage an unterbleib das Allen so wohlbekannte Läuten, wußte doch das Volk, daß es die Glocke des "bleichen Mädchens" war, die in ihrer Noth dieses Läuten gestiftet!

Der Magistrat schenkte die nun nutzlos gewordene Glocke der St.-Marien-Kirche, da sie aber für kirchliche Zwecke nicht zu gebrauchen und überdem von so merkwürdiger seltener Form und Guß war, so gab man sie dem städtischen Museum,wo sie jetzt von Kennern und Laien bewundert wird!

Der Lehnbrief

Dem Freischulzen zu Holdorf bei Stargard i. M. wird, um sein Eigenthumsrecht an dem Schulzenhof nachzuweisen, ein kaiserlicher Lehnbrief abverlangt.

Der ehrliche Mann geht in tausend Sorgen umher, er weiß ihn nicht zu schaffen, weiß überhaupt kaum, ob er jemals solchen besessen und dabei rückt der Tag immer näher, der ihn, ohne den Lehnbrief, von Haus und Hof treibt.

Er schwindet bei all dem Suchen und Sorgen dahin wie ein Schatten, er denkt Tag und Nacht nur noch an sein Schicksal und da ist es denn kein Wunder, daß sein Geist sich auch im Traume mit diesem Gegenstand beschäftigt und ihm ganz deutlich befiehlt, nach Berlin zu reisen, dort von einer bestimmten Brücke in die Spree zu sehen, um dann den Lehnbrief zu finden. Er erzählt seinen Traum seiner Frau, die aber nichts darauf giebt. In der andern Nacht derselbe Traum, dieselbe Deutlichkeit - da war der Schulze von der Reise nach Berlin kaum mehr zurück zu halten.

Und als in der dritten Nacht wiederum derselbe Traum ihn zur Reise auffordert, da war es um ihn geschehen; er reiste ab, kam glücklich an und fand auch bald die ihm durch seine Träume so wohlbekannte Brücke. Er lehnte sich über das Geländer, bald rechts, bald links und guckte hinein in die Spree - aber auf dem klaren Grunde lag kein Lehnbrief! So hatte er vom Morgen bis an den Mittag hinunter geschaut, den Vorübergehenden fiel zuletzt der Mann auf und ein Herr, der ihn schon längst beobachtet, kommt zu ihm heran und fragt ihn, was er eigentlich suche?

In seiner Noth erzählt er nun dem Fremden von seiner Lage und von seinem Traume. Nun lachte ihn der Herr aus und meinte, wer immer auf seine Träume achte, würde viel getäuscht; hätte er doch schon oft den Traum gehabt, er solle nach Holdorf, einem ihm fremden Orte gehn, im Garten des Schulzen sei ein alter morscher Baum, in welchem ein Schatz verborgen sei; da er aber nicht wisse, wo er Holdorf finden könne, so bliebe der Schatz ihm verloren.

84

Erstaunt hörte der Schulze zu, er erkannte in der Beschreibung seinen eigenen Garten, er faßte neue Hoffnung, reiste sofort nach Hause, suchte und grub in und um den Baum, und - welch Glück, er fand seinen Lehnbrief!

Als die Herren am anderen Tage kamen, konnte er ihnen frohlockend seine Papiere zeigen, die ihm den ungestörten Besitz seines Hofes sicherten, während sie mit langer Nase abziehen mußten.

Der Spuk im Herrenhaus

Eine sonderbare Sache war es vor Jahren um den Spuk im Herrenhause zu Büting; sehr lästig machet er sich des Abends bemerkbar, wenn Einer der Herren nach den oberen Räumen des Hauses mit brennendem Lichte oder Lampe gehen wollte, was er durchaus nicht litt, sondern ohne Umstände zu machen, es ihnen vor der Nase ausblies.

Viele dieser Menschen wollten dabei eine weiße nebelhafte Gestalt gesehen haben und wurde deshalb der Spuk von ihnen die weiße Frau genannt und um eine Begegnung mit ihr zu vermeiden, ging Jeder, der oben im Hause des Abends noch zu thun hatte, regelmäßig mit einer Laterne nach den höheren Regionen, was der Geist auch ungehindert geschehen ließ.

Dem damaligen Gutsinspector kam die ganze Spukgeschichte zu lächerlich vor, er wollte sie mit aller Energie aufklären und war daher stets auf dem qui vive! In jener Zeit wurde das zum Verkaufe aufgeladene Korn, wegen der Entfernung von den Städten und der schlechten Wege stets des Nachts schon fortgeschickt, in Begleitung des Inspectors und bekam derselbe in Büting vor der Abfahrt noch eine heiße Tasse Kaffee, die die Wirthschafterin ihm dann in der Wohnstube der Herrschaft credenzte.

Nun hatte diesmal die Hausfrau aus Fürsorge für den Herrn Gemahl für ihn an dem warmen Ofen ein Hemde angehängt und als der Inspector in die nur vom Mondschein erhellte Stube, aus der zufällig die alte Mamsell mit dem Licht fortgegangen, eintritt, so glaubt er, in dem langen weißen "Etwas" im Hintergrunde des

Zimmers unfehlbar die gefürchtete weiße Frau zu erblicken und in seinem blinden Amtseifer stürzt er sich auf sie, packt sie und haut sie so windelweich, daß die Fetzen davon fliegen.

Als nun die Wirthschafterin mit dem Lichte wieder zurückkehrt, sieht der Herr Inspector zu seiner Beschämung, was er angerichtet und welchem Spotte und welchen Sticheleien er sich durch seinen merkwürdigen Eifer, das Gespenst zu entlarven, ausgesetzt für sein ganzes Leben!

Nimmer würde er dies von sich abgeschüttelt haben, wenn nicht wunderbarer Weise von dieser Stunde an, der Spuk für alle Zeit verschwunden wäre; ungefährdet konnte man jetzt mit brennendem Lichte nach Oben gehen, kein Spuk löschte es aus, keine weiße Frau ließ sich sehen!

Wer tiefere Blicke in die Geisterwelt hätte thun können, würde die Lösung dieses wunderbaren Räthsels leicht gefunden haben - uns ist sie verborgen geblieben!

Das Messingtöpfchen

In Alt Strelitz war einst eine Herberge und der Vater der Anstalt hielt sich mehrere Kühe, deren Milch er morgens und abends verkaufte.

An einem Dezember-Morgen, als es noch dunkel war, kam auch eine ganz ganz kleine Frau mit einem niedlichen winzig kleinen Messingtöpfchen in die Gaststube und forderte einen halben Pott Milch. Da die Milch noch nicht bereit stand, ward der Topf der unterirdischen Frau zu den anderen Milchtöpfen gestellt, um dann der Reihe nach gefüllt zu werden. Doch ehe dies geschehen konnte, huschte ein noch kleineres Mägdlein als sie selbst in die Stube und rief mit feinem Stimmchen: "Mutter, komm geschwinde nach Hause, das Brüderchen ist gleich todt!" Eilig drehte die Gerufene sich um und lief mit ihrer Tochter von dannen.

Auf der Straße war es nun helle geworden; es gingen die Kinder zur Schule und erblickten die beiden kleinen Wesen, sie liefen hinter ihnen her und verfolgten sie bis durch das Neubrandenburger Thor, wo sie verschwanden.

Das zurückgelassene Messingtöpfchen ward nicht wieder abgeholt und wurde viele Jahre hindurch den in der Herberge einkehrenden Gästen als etwas Seltenes gezeigt!

Die alte Mühle

Vor der Stadt Hagenow liegt ein kleiner Berg, der Sandberg genannt, auf welchem einst eine Windmühle stand, deren Flügel sich lustig im Winde drehten, wo junge Burschen sich lümmelten.

Jahre rauschten vorüber, die alte Mühle verfiel, neue wurden aufgebaut. Doch sie blieb stehen als Wahrzeichen der Vergänglichkeit, als Spielplatz der Kinder. Wer aber beschreibt das Wunder? Eines Tages war die Allen so wohlbekannte Mühle vom Berge wie fortgeweht, keines Menschen Hand hatte sich ausgestreckt zu ihrem Abbruch, keine Spur ließ die Stelle noch erkennen, wo sie gestanden, denn blühende Gräser wuchsen dort, wo ihr Fuß doch eingegraben und kein Splitter eines Sparrens oder eines Brettes war meilenweit zu finden, obwohl man darnach suchte.

Wohl haben die Leute jener Zeit verwundert den Kopf geschüttelt zu dieser seltsamen Begebenheit, doch aufgeklärt hat sie sich nie, selbst jetzt nicht, wo doch alles Dunkle hell gemacht werden soll.

Der Glücksberg

Bei Vellahn liegt ein ganz kleines Hügelchen, das die Leute der Gegend den "Glücksberg" nennen; warum sie ihn wohl so nennen, ihn, in dessen Innern es um Mitternacht so unheimlich klirrt und klappert und hämmert, als wenn da drinnen Kupferschmiede und Schlosser in vollster Arbeit wären?

Und doch nennen sie ihn so, denn sie wissen, daß hier einst ein Schloß versunken ist, mit seinen unermeßlichen Schätzen und daß die Möglichkeit vorliegt, daß sie gehoben werden können und daß Der, dem es gelingt, reich und angesehen wird für alle Zeit.

Darum hatten sich auch zwölf junge Leute zusammen gefunden, dies Werk zu unternehmen, sich den Reichthum zu theilen und dann froh des Lebens zu genießen. In mondheller Nacht schlichen sie nach dem Glücksberge hinaus und um Mitternacht begann still und lautlos ihre Arbeit, obgleich es unter ihnen so gräulich stöhnte und seufzte.

Eiskalt überlief es sie, denn je tiefer sie gruben, je toller tobte es in dem Berge! Fast entsank ihnen der Muth, da stießen die Spaten auf etwas Hartes; mit doppeltem Eifer räumten sie die Erde fort und vor ihren entzückten Blicken lag im Glanze des Mondlichts der Schatz und oben auf die goldene Wiege!

Glücklicher Weise hatten sie vorsichtig einen Hebebaum mitgenommen, den steckten sie unter die Wiege, um sie zu heben, da stand hinter dem, der den Hebebaum hielt, der Dreizehnte, von dem keiner wußte, woher er gekommen und als der erste Ruck geschah, bekam der junge Mann einen so wuchtigen Hieb in den Nacken, daß er tödtlich erschrak. Beim zweiten Ruck war der Schlag noch stärker, da sah der Schatzgräber sich um und sah den Teufel hinter sich stehen. Dennoch wagte er zum dritten Mal, den Heber unter die Wiege zu setzen, da bekam er solchen Schlag, daß er weit davon geschleudert ward und gefolgt von den Genossen nahm er nun Reißaus.

Nur Einer von ihnen hatte den Muth zu bleiben, er sah, daß der Teufel neun Mal die Grube umging und beim letzten Mal stürzte sie donnernd und krachend mit allen Schätzen zusammen. Dann wurde es still, der Teufel verschwand, nur im Glücksberg klirrte es gräulich aus der Tiefe heraus!

So weit die Sage, jetzt beginnt ein Stück Wirklichkeit! Aus dem Glücksberg ist längst ein "Silberberg" geworden, der auf der Feldmark eines Vellahner Landmannes sich erhebt. Diesem träumte einst vor Jahren mit einer Deutlichkeit, wie sie den Träumen nicht oft eigen ist, er baue sich ein neues schönes Haus auf diesem

Berge; lachend erzählt er den Seinen den wunderlichen Traum, an dessen Erfüllung doch in keiner Weise zu denken ist, der ihn aber dennoch oft beschäftigte.

Nach Jahresfrist wird hier eine Chaussee angelegt; sie durchschneidet des Landmannes Acker in so viele Theile, daß er, um ein gerundetes Ganzes zu haben, sich, wie sein Traum es ihm prophezeit, auf dem Silberberge einen neuen Hof erbaut; er gab ihn seinem Sohn als Wohnsitz, während er selbst in dem alten liebgewordenen Hause blieb; Beide erfreuten sich eines glücklichen Lebens, haben aber nie von den versunkenen Schätzen etwas gesehen, noch von dem Geklirre und Gehämmer im Innern des Berges etwas gehört und nehmen sie an, daß mit dem Chausseebau alle unruhigen Geister zur Ruhe gekommen sind.

Die Kirchenglocke

Das einst so ärmliche Dörfchen Vellahn ist im Laufe der Zeiten fast zu einer kleinen Stadt empor geblüht.

Die schöne Kirche besitzt drei Glocken, von denen zwei herrlich klar und voll tönen; die dritte ist gerissen und klappert wohl sehr, doch rufen sie alle Drei an den Tagen des Herrn die Gemeinde zur Kirche.

In jener Zeit der Armuth hatte ihr Gotteshaus nicht eine Glocke und wie sehr die Leute auch diesen Uebelstand empfanden, sie waren zu arm, um aus eigenen Mitteln die so sehr entbehrte und so heiß ersehnte Glocke anzuschaffen.

Eines Sonntags, als die Andächtigen gerade zur Kirche gingen, fühlte ein alter Hirte auf dem Felde sich plötzlich recht krank, er mußte seine Heerde sich selbst überlassen und nach Hause gehen, doch schickte er sofort seinen Sohn als Stellvertreter hin. Dort kaum angekommen, kehrte derselbe eiligst zum Vater mit der Bitte zurück, wenn irgend möglich doch wieder mitzukommen, das Vieh sei ganz närrisch geworden.

Der Alte raffte sich auf; er ging mit und fand sämmtliche Schweine auf einer Stelle lautlos die Erde aufwühlen und - man glaubt es kaum - halb heraus gewühlt hatten sie eine köstliche blanke Kirchenglocke!

Vergessen war Krankheit und Alter, wie ein Jüngling lief der Hirte über Stock und Stein, über Zaun und Graben zur Kirche, in den Beichtstuhl hinein und erzählte dem hoch aufhorchenden Pastoren die Wundermähr. In seiner Aufregung wollte der Hirte, der Pastor sollte Predigt Predigt sein lassen und schnell der Gemeinde mittheilen, was sich zugetragen. Doch der ernste Mann erfüllte erst seine Pflicht und als er am Schlusse seiner Rede das Wunder mit der Glocke verkündigte, da eilte Alles hinaus nach der bezeichneten Stelle, wo die schönste und größte aller Glocken, auf der sogar Figuren gegossen waren, ihnen entgegen blinkte.

Unter herzlichem Dankgebet ward die Glocke, die noch heute die schönste der drei Vellahner Glocken ist, auf den Thurm im neuerbauten Glockenstuhl gebracht und niemals wird dies Wunder vergessen von der Gemeinde zu Vellahn!

Die Nixe

Eins der größten und herrlichsten Stücke von Bernstein ruht im tiefen Schooß der Müritz; es ist groß wie ein Haus und von seltener Durchsichtigkeit.

Keines Menschen Auge hat diesen wundervollen Bernstein erschaut und wird ihn je erschauen, denn die Nixe der Müritz bewacht ihn Tag und Nacht mit einer Sorgfalt ohne Gleichen. Diesem ihrer Obhut anvertrauten Schatze stets nahe zu sein, hat sich die treue Hüterin tief unten auf feuchtem Seegrunde eine Wohnung, zusammen gesetzt aus lauter kleinen Stücken Bernstein, erbaut, wobei ihr ihre Schwestern, die Seejungfern aus den andern Theilen der Müritz, emsig geholfen, um aus allen Ecken und Enden allen Bernstein zusammen zu tragen und diesen schönen Palast herzustellen.

Von hier überwacht nun die Nixe vor den Augen der habsüchtigen Menschen dies köstliche Kleinod; ungestraft darf sich Niemand ihrer Wohnung nahen und deshalb sucht auch Jeder, ihr

Gebiet zu meiden und wenn dennoch unbewußt sich Einer ihrem Gebiete nähert, dann hat er von Glück zu sagen, kömmt er mit einem bloßen Schreck davon, denn sie straft jede absichtliche Annäherung sicher mit dem Tode des Verwegenen.

Wenn die Fischer und Schiffer auch wohl die Gegend ihrer Wohnung kennen, die Stelle selbst aber wissen sie nicht, weshalb sie sich ängstlich bemühen, ihr nicht nahe zu kommen.

Fremde Fahrzeuge aber, die nichts wissen von der Nixe und dem Bernstein, müssen oft durch Angst und Sorge um ihr Leben es büßen, daß sie, wenn auch willenlos, beunruhigten die Nixe der Müritz!

Die drei kleinen Männchen

Uralte herrliche Eichen standen bei dem Dorfe Malchow unweit Parchim, sie waren bewohnt von drei kleinen Männchen, die still und friedlich hier lebten, ohne sich um die Menschen zu kümmern.

Nur mochten sie nicht des Abends spät oder des Morgens früh durch Wagen-Gerassel beunruhigt werden, dann kamen sie aus ihren Eichen hervor, sprangen auf den Wagen und ließen sich bis zur Grenze der Feldmark fahren, was den Pferden schwer ankam, denn der leichteste Wagen wurde schwer, als hätte er Mühlsteine geladen.

Die Leute der Umgegend wußten von dieser unangenehmen Fracht und vermieden den Weg zu der den Zwergen unliebsamen Zeit, Fremde aber mußten ihre Unkenntniß der Dinge oft schwer büßen. Zu diesen gehörten zwei junge Knechte aus Garwitz, welche Korn nach Parchim brachten und ganz früh ausgefahren waren; bei den Eichen angekommen, sah der eine Knecht die drei kleinen Männchen in grauen Hosen, rothen Jacken und bunten Troddelmützen am Wege stehen und macht den andern Knecht hierauf aufmerksam. Beide jungen Leute waren gerade nicht furchtsam, dennoch machte diese Begegnung sie befangen, sie ahnten ein Nachspiel und spornten schnell ihre Pferde an, um aus der Nähe und der Macht der Kleinen zu kommen.

Aber vergebens, schon saßen die drei Männchen auf dem Wagen und die Pferde keuchten unter ihrer Last; kein Peitschen, kein Schelten half, sie kamen nicht aus der Stelle. Da nahm der erste Knecht in seiner Noth einen auf dem Wagen liegenden Stock aus Kreuzdorn und schlug tapfer auf die ungebetenen Gäste ein, die, da allein der Kreuzdorn Macht über sie besaß, sogleich verschwanden.

Seit dieser Zeit hat man zwar die kleinen bunten Männchen noch oft gesehen, aber belästigt haben sie nie ein Fuhrwerk wieder. Erst mit dem Abhauen der Eichen sind sie spurlos verschwunden!

Das Glockenläuten

Wie in vielen andern Kirchdörfern Mecklenburgs war es auch in Blankensee bei Stargard Sitte, daß an den Abenden vor großen Festen, wenn der Küster genug geläutet hatte, die jungen Leute des Dorfes auf den Thurm stiegen und die ganze Nacht hindurch bis zum Festmorgen das Läuten fortsetzten.

Diesem Gebrauche gemäß hatten sich, wie sonst, nun einst die jungen Leute versammelt und das Läuten begann, wobei leider dem Branntwein fleißig zugesprochen und sie so sehr aufgeregt wurden, daß sie manch unschickliches Wort redeten und manchen Unfug betrieben.

Besonders Einer that es den Andern hierbei zuvor, er trank übermäßig und vergaß sich so weit, selbst Gott und sein heiliges Wort zu verspotten. Wie nun die Reihe des Läutens an ihn kam, da begann es mit solcher Heftigkeit, daß die Uebrigen erschraken und ihn ablösen wollten; doch kein Bitten, keine Gewalt vermochten ihn aufzuhören, immer rasender wurde sein Läuten, bis er endlich todt niederstürzte - so strafte Gott den Spötter!

Seit dieser Zeit ward nie wieder geläutet in den Festnächten zu Blankensee.

Das Unglück

Auf der nahe bei Gülzow an der Nebel gelegenen Burg wohnte ein edler ritterlicher Held, welchen die schöne Nixe der Nebel so innig liebte, daß sie ihr nasses Element verließ und als sein geliebte Weib ihm nach seiner Burg folgte.

Jahre des Glücks schwanden ihnen und ihren beiden lieblichen Töchterchen schnell dahin, doch, wie es uns das Leben nur zu oft zeigt, ist mit des Geschickes Mächten kein einziger Bund zu flechten, auch hier schritt das Unglück schnell herbei.

Den Ritter trieb Kampfeslust oft hinaus in die Welt zu Felde und Turnier und stets kehrte er mit Lorbeer bekränzt und mit Siegeszeichen geschmückt heim zu den Seinen. Dies Alles aber hatte ihm Neider und Feinde erweckt, die ihn, den Ahnungslosen, mit zehnfacher Uebermacht überfielen und ihn, nach tapferster Gegenwehr und dem blutigen Ende seiner Getreuen, aus den rauchenden Trümmern seiner Burg zur Flucht nach dem Versteck trieben, wo er sein Liebstes, seine Frau und seine beiden Kinder bis jetzt sicher geborgen. Aber jetzt bot dieser Aufenthalt keinen Schutz mehr, er versuchte mit ihnen, durch eine geheime Pforte ins Freie zu gelangen, aber auch hier entdeckten ihn seine Feinde und verfolgten ihn, der mit den Seinen dem nahen Nebelufer zueilte.

Er sah keine Rettung mehr, er umarmte noch einmal sein Weib und seine Kinder und stürzte sich, um nicht seinen rohen Feinden in die Hände zu fallen, mit ihnen in den Fluß, in welchem er und die kleinen Töchter bald ihr Ende fanden.

Sein Weib, die Nixe, aber konnte nicht, wie sie es so heiß wünschte, mit ihnen sterben, sie mußte tief trauernd fortleben; sie trug ihre geliebten Todten in ihre Nixenwohnung, bettete sie dort unter Wehklagen auf feuchtem Flussesgrund, um ihnen stets nahe zu sein.

Von hier aus hört man in stillen Nächten ihre Klagen und oft sieht man sie auf dem Burgwalle bei Gülzow auf der Stätte ihres Glücks umher wandeln!

Der Frevel

In der Nähe von Walkendorf bei Tessin hat einst ein großes Dorf Granzendorf gelegen, von dem keine Spur übrig geblieben.

Die Bewohner des Dorfes waren durchweg schlechte Menschen; sie raubten und plünderten und nahmen, was ihnen gefiel. Sogar hatten sie bei Nacht und Nebel aus der nahen Kirche zu Walkendorf eine Glocke gestohlen und sie in ihrem Kirchthurme, wo bisher keine gewesen, aufgehängt.

Dieser Frevel aber kam ihnen schlecht zu stehen, denn es brach plötzlich in der Nacht bei ihnen Feuer aus, das durch den starken Wind angefacht, bald das ganze Dorf ergriff. Vergebens liefen die Leute zur Glocke, um Sturm zu läuten, doch wie sehr sie auch zogen, sie gab keinen Laut von sich und so hörte kein Nachbar ihren Ruf um Hülfe und es dauerte nicht lange, so waren von dem schönen großen Dorfe nur noch rauchende Trümmer und wunderbarer Weise der Kirchthurm mit der geraubten Glocke übrig geblieben.

Jetzt erkannten die völlig verarmten Abgebrannten, welche gerechte Strafe für ihren schlechten Lebenswandel, für den Raub der Glocke sie ereilt und im Gefühl ihrer Schuld zogen sie sämmtlich fort von dem Orte ihrer Missethaten, um in einer andern Gegend ein neues besseres Leben zu beginnen. Bevor sie indeß gingen, glaubten sie ihr Vergehen dadurch zu mildern, daß sie die geraubte Glocke aus dem Thurme nahmen und in den Granzendorfer See versenkten.

Die Stelle, wo das Dorf gestanden, blieb öde und wüst, kein Mensch wagte, sich ihr zu nähern oder gar sich darauf anzubauen; so verfiel denn auch zuletzt der Thurm und bald wuchs Gras und Gebüsch über die Trümmer.

Die Glocke ruht noch immer in der Tiefe des Sees, nur am Johannistage kann man sie dort unten läuten hören, wenn man ein weißes Taschentuch in dem See auswäscht!

Die Schlittenfahrt

Es war im Winter 1830 oder 1831, als nach kurzem Frost der große Schweriner See mit einer so spiegelblanken Eisdecke belegt war, daß die am Ufer umher wohnenden Gutsbesitzer sie mit leichten eleganten Schlitten zur Fahrt nach Schwerin längst benutzten.

Auch Herr Evers aus Leezen beredete eines Mittags seine junge Frau, mit ihm solche kleine Reise nach der Stadt zu machen und da sie froh und lebenslustig war, ließ sie sich nicht lange bitten, sondern war schnell bereit. Wohl eingepackt ging die rasche Fahrt vor sich; in Schwerin wurden einige Einkäufe bald besorgt und nach kurzem Aufenthalt, ehe der Abend herein brach, traten sie vergnügt die Heimreise an.

Nicht allzu weit vom Leezener Ufer aber fing es plötzlich unter den Hufen der Pferde zu knacken und zu brechen an, sie erschraken, fuhren zusammen und drängten an einander. Mit furchtbarer Klarheit erkannte Herr Evers die drohende Gefahr, fest erfaßte er die Zügel und mit voller Gewalt peitschte er auf die geängstigten Pferde ein, die nicht vorwärts wollten. Zitternd klammerte die arme Frau sich an den Gatten, kein Laut kam über ihre Lippen und schon stand der Schlitten jetzt so tief, daß ihre Füße im Wasser standen. Ihrem entsetzlichen Tode sahen Beide unrettbar sich gegenüber, da erbarmte sich Gott, der allein helfen konnte, ihrer Noth! Die Pferde faßten wieder festen Grund, das Knacken und Brechen unter ihren Hufen hörte auf und mit Schaum bedeckt eilten sie dem Ufer zu.

Diese furchtbare Katastrophe war herauf beschworen durch mit Holz schwer bepackte Wagen, welche dicht hinter einander hier vor einer Stunde entlang fahrend, das Eis einknickten, das nun noch nicht Zeit gehabt, wieder zusammen zu frieren.

Herr und Frau Evers haben es nie vergessen, wie gnädig Gott sie behütet in der Stunde der Noth und der Gefahr, niemals aber haben sie zu Schlitten wieder den Schweriner See befahren, dessen Eisfläche stets eine unsichere ist. Mit Recht sagt man: der See fordert jährlich sein Opfer!

Das Feuer

Sein Hoflager hielt der Herzog Magnus II im Jahre 1503 in Güstrow und fühlte sich Fürst und Bürger dabei zufrieden und wohl; da wollte es das Unglück, daß ein schweres Gewitter am 28. Juni über Güstrow vorüber zog und ein Blitz einschlug, der die Stadt bis auf 50 Häuser einäscherte.

Mit der größten Anstrengung nur gelang es, das Herzogliche Schloß und die Domkirche zu retten. Die Einwohner waren indeß nicht muthlos und unthätig, nein, rüstig bauten sie sich wieder neue Wohnungen auf und erfreuten sich darin zunehmenden Wohlstandes. Aber ein schweres Verhängniß waltete über sie!

Nach vier Jahren, wieder am 28. Juni, schlug abermals ein Gewitter über Güstrow ein und 50 Häuser brannten nieder. Wie niedergeschlagen auch die armen Leute waren, bauten sie doch unverdrossen die zerstörten Häuser aufs Neue auf und hofften, nach so harten Schicksalsschlägen nun in Ruhe weiter leben zu können.

Fünf Jahre waren unter Mühe und Arbeit, unter Sorge und Noth dahin gegangen, da zerstörte eine dritte Feuersbrunst fast den letzten Rest von Wohlstand und als gar die Pest ihren unseligen Einzug in Güstrow hielt, da verzagten sie! Diese schreckliche Krankheit, die in ganz Mecklenburg umher zog, verschonte auch ihren so vortrefflichen Fürsten, ihrem treuen Helfer in ihren Nöthen nicht. Er, dessen Nachkommen noch jetzt das Land regieren, er erlag ihr am 22. November in seinem 62. Lebensjahre.

Wie er weise sein Land regierte, so beschützte er auch Kunst und Gelehrsamkeit und liebte, selbst heitern Sinnes, muntere Witze und Einfälle, daher ließ 1498 zu Magnus Belustigung Heinrich von Alkmar das Buch: "de Reinecke Vox" drucken, worin er die Ränke der Hofbediensteten untereinander, in Thierbildern darstellte.

Die Scheideglocken

Auf Poel war es, wo vor wenigen Jahren das kleine Kind guter frommer Eltern so schwer erkrankte, daß sie die Qual ihres Lieblings kaum mit ansehen konnten.

Da rief der liebe Gott das Kindchen zu sich und fast erleichtert athmeten die Eltern auf, wußten sie doch, daß es jetzt wohlgeborgen sei. Dem Gebrauche nach sollten nun auch die sogenannten "Scheideglocken" gezogen werden und die vier dazu angestellten Männer begaben sich nach dem Kirchthurme, um ihr gewohntes Amt zu verrichten. Aber wie viel sie sich auch bemühten, die Glocken schwiegen still, kein Ton, kein leiser Klang war ihnen zu entlocken, die Leute mußten jeden ferneren Versuch aufgeben.

Am Beerdigungstage aber hatten sie ihre Stimmen wieder gefunden, denn feierlich begleiteten sie den Trauerzug zur Gruft. Warum verstummten sie, als das Kind gestorben und warum ertönten sie wohl und klar zu seinem letzten Gange?

Ein Räthsel ist es Allen geblieben, die mit erlebt haben diese wahre Begebenheit!

Die alte Kapelle

Es war in Neustrelitz eine alte in Verfall gerathene Kapelle, die aber wunderherrliche Glocken besaß.

Als man nun gezwungen war, eine neue in der Nähe zu erbauen, so wurden die schönen Glocken aus der alten Kapelle geholt und der neuen einverleibt.

Wie sie nun zum Erstenmal sollten ihre Stimmen erschallen lassen zum Lobe Gottes, da blieb Alles stumm! Man schrieb dies Anfangs auf ihre unrichtige Lage und ließ Bauherrn und Glockengießer kommen, um dem Uebelstande abzuhelfen, es blieb vergebens, eigensinnig beharrten sie bei ihrem Schweigen und so entschloß man sich zuletzt, sie auf ihren alten Platz, zu ihrer alten

Gewohnheit zurück zu bringen, wo sie sofort ihre Sprache wieder erhielten, um feierlich die Frommen zur Andacht zu rufen!

Der Verdacht

Aus Groß Rogahn kam vor wenigen Jahren ein Reiter in Schwerin an und stieg bei einem Kaufmann ab, um sich und sein Pferd zu erfrischen, denn er hatte noch in Handelsangelegenheiten einen weiteren Ritt nach Wismar, und zwar über Neumühl, vor sich und zu diesem Zwecke viel Geld bei sich.

Mit vergnügtem Sinn ritt er ab, aber leider sah ihn Niemand wieder! Wenige Tage später suchten die besorgten Seinen hier seine Spur auf, er hatte ihnen kein Zeichen über seinen Verbleib gegeben und war nicht zurück gekehrt; auch die Polizei bot allen Scharfsinn auf, doch vergebens, der Mann blieb verschwunden mit sammt seinem Pferde.

Ueber dieses unerklärliche Verschwinden ward natürlich auch in dem hiesigen Kaufmannshause viel mit großer Theilnahme gesprochen, da sagte der langjährige Hausknecht: "ja, ja, Neumühl!" Man wußte nicht, was er damit andeuten wollte, doch schwieg man. So gingen vier Jahre ins Land, da ward bei Neumühl, tief eingegraben, das Scelett eines Pferdes und dicht daneben das eines Mannes aufgefunden, in welchem man den Reiter, der so fröhlich seine Reise unternommen, wieder erkannte; Geld und Uhr wurden nicht bei ihm gefunden! Der Verdacht des alten Hausknechts hatte sich erfüllt.

Dieser Verdacht hatte wohl seine Entstehung einer ähnlichen Tragödie zu verdanken, die sich kurz vorher ebenfalls in Neumühl abgespielt.

Ein Mann war auch hier spurlos verschwunden, doch schnellere Nachforschungen hatten ein besseres Resultat erzielt, indem die Leiche gleich aufgefunden wurde und seltsamer Weise Uhr und Geld bei ihr; der Täter aber wurde nicht ermittelt. Daß jene Leute, bei denen die Reisenden ankehrten, Verdacht gegen sich erweckten, lag nahe, hatten sie doch heimlich einen Mann, nachdem sie ihm Zweck und Ziel der Reise abgefragt, des Abends in seiner Schlafstube eingeschlossen; bestürzt über dies Einschließen sprang der Mann aus dem Fenster und entkam vielleicht dadurch einem blutigen Ende.

Die Anlage eines bedeutenden Wasserwerkes erforderte vor kurzer Zeit in Neumühl große und tiefe Ausgrabungen ganzer Strecken; man war fast erstarrt, als man bei dieser Gelegenheit eine Menge Gerippe fand, von denen selbst das Gericht nicht ahnte, wie sie hierher gekommen!

Der Fußsteig

Wenn das Sprüchwort: "Der Zufall regiert die Welt." wahr ist, so hat er auch hier bei vorstehender Erzählung in so fern die Hand mit im Spiele gehabt, als ich so eben den Schluß derselben erfuhr und ihn nun ungesäumt mittheilen kann.

Mehrere Arbeiter aus Groß Rogahn verdienten sich die Woche über einen reichen Tagelohn, den sie am Sonnabend nach Hause trugen, wobei sie einen Richtweg einschlugen, der eng und schmal, sie zwang, einzeln hinter einander zu gehen. So gingen die Ersten in das Dorf hinein, ohne sich weiter um die Letzten zu kümmern.

Kaum zu Hause angekommen, stürzte die Frau des einen Arbeiters besorgt mit der Frage herbei, warum ihr Mann nicht auch gekommen? Sie wußten genau, daß er bis kurz vor dem Fußsteige bei ihnen gewesen, dort aber war ja Jeder allein gegangen.

Ohne zu zögern liefen sie den Weg zurück, um ihn zu suchen und sie fanden ihn mit zerschlagenem Schädel, beraubt seiner Baarschaft und seiner Uhr in einem Wasserloche! Die Mörder hatten nicht genug Zeit behalten, ihn tiefer zu verscharren!

Nun endlich wurden die Verbrecher entlarvt und es waren die Besitzer des Wirthshauses, die jetzt ohne Gnade den Lohn ihrer scheußlichen Thaten empfingen.

Die weiße Taube

Nach einer schönen Sitte Im Lande wurde in der Weihnachtsnacht mit den Kirchenglocken geläutet, deren feierlicher Schall das Heil verkündete, das der Welt heute widerfahren.

Auch in Camin ward es so gehalten seit undenklichen Jahren und Jedermann, alt und jung, freute sich zu diesem festlichen Gebrauche.

Nur der Küster, dem das Läuten Mühe machte, war nicht damit einverstanden, er meinte: der heilige Geist würde auch wohl kommen ohne den Klang der Glocken, den man über den hellen Glanz der Kerzen nicht vermissen würde. So unterließ der Küster seine Pficht und putzte für seine Kinder den Weihnachtstisch auf. Jubelnd nahmen die Kleinen ihre Bescheerung unter dem brennenden Tannenbaume in Empfang, aber plötzlich verstummte dieser Jubel, Jeder hörte hin nach dem voll erschallenden feierlichen Klang der Weihnachtsglocken und der kleine Knabe des Küsters rief: "Vater, höre wie schön und klar die Weihnachtsglocken gehen!"

Der Küster erbleicht, wer hatte es gewagt, ohne sein Wissen die Glocken zu ziehen, die herrlicher und voller, wie noch nie in Camin, erschallen. Alles ritt zur Kirche, ihnen voran der Küster; unheimlich wird ihnen die Sache, da Niemand zu sehen ist, der das Läuten besorgt.

Da - oben auf der Glocke sitzt eine weiße Taube im hellen Sternenlicht und durch die stille heilige Nacht schweben die Klänge, hernieder zu den Herzen frommer Christen!

Der Unken

Unter dem Worte "Unken" versteht man einen jener Frösche, die des Abends vom Teiche her uns ihren melancholischen Gruß zurufen.

Anders aber sieht es der Aberglaube an; er sieht in dem "Unken" irgend ein unsichtbares Wesen, das dem Menschen Vor- oder

Nachtheile bringt, je nachdem es sein Aberglaube oder seine Bestimmung von ihm fordert. Da mir bisher niemals die Kunde über solchen Geist zukam, so will ich Euch erzählen, was ich jetzt über ihn erfuhr und will es Euch überlassen, seine Spur weiter zu verfolgen.

Seit Jahren bezog früher ein Töpfer aus ferner Stadt mit seiner Waare die Jahrmärkte in Schwerin und hatte dazu den Thorweg für sein Geschirr und den Stall für sein Pferd in einem Hause am Schelfmarkt zu gewinnen vermocht. Die freundliche Hausfrau sprach dann wohl zuweilen ein Paar Worte mit dem Töpfer, lobte seine Waare, aber besonders sein Pferd, das, wie oft er es auch durch Handel wechselte, immer ein so schönes blankes und wohlgenährtes sei und meinte, er habe doch damit viel Glück. Da blinzelte er sie schmunzelnd an und sagte: "In den ersten vierzehn Tagen weiß ich, was ein Pferd werth ist und darnach behalte oder verhandle ich es."

Ungläubig sieht sie den Töpfer an, doch er erklärt ihr im Vertrauen: der Unke sage ihm regelmäßig die Wahrheit; ist das Pferd brav und gut, so bleibt die Mähne des Nachts schön glatt und weich, ist es aber fehlerhaft, so ist die Mähne vom Unken so verwirrt und zerzaust, daß es fast unmöglich ist, sie wieder zu kämmen und zu entwirren.

Wie sehr ich auch über die eigenthliche Bestimmung, Sitz und Wesen des Unken etwas Näheres erfahren möchte, der Töpfer kommt nicht mehr her und ich bin flügellahm.

Die Natur der Geister

Die gespensterhaften Erscheinungen im Herrenhause zu Hohen Luckow sollen den Eigenthümer der schönen Besitzung bewogen haben, dort fortzuziehen und das Gut zu verpachten im frommen Glauben, daß andere Verhältnisse, andere Persönlichkeiten die unruhigen Geister, die ihn und die Seinen so oft erschreckt, endlich beseitigen würden. Doch dem war nicht so.

Die neuen Bewohner sahen zuweilen in einem der unteren Zimmer eine hohe, in weiße Gewänder gehüllte Frau am Fenster stehen, die dann, durch das Zimmer schreitend, im Nebengemache verschwand, nachdem die lange Schleppe sich schwerfällig durch die Thüre wand.

Und als der bisherige Holländer vom Gute verzog, bot man der Frau und der Tochter an, die letzte Nacht, da ihre Mobilien und Betten schon abgeschickt, im Fremdenzimmer des Herrenhauses zu schlafen. Dankbar nahmen sie das Anerbieten an und begaben sich zeitig zur Ruhe, da sie sehr ermüdet waren.

Wie es nun gegen die zwölfte Stunde ging, ward der Frau ganz leise von unsichtbaren Händen das Oberbett fast ganz abgezogen und eben so leise huschten leichte Schritte zum Bette der Tochter hin, um auch dort das Bette anzufassen. Diese erwacht, richtet sich auf und sieht vor sich die dunkle Gestalt eines jungen Mädchens, die an kurzer Leine einen schwarzen großen Hund führt.

Die Mutter hatte in ihrer Angst nun Licht angezündet und bei dem hellen Schein desselben verschwindet die Vision! An Schlaf war für beide Frauen nicht mehr zu denken; sie zogen sich, vor Furcht und Grauen zitternd, völlig an und erwarteten, bei brennendem Lichte auf dem Sopha sitzend, den Morgen.

Nun kam die Wirthschafterin und fragte freundlich, ob sie gut geschlafen? Da erzählten sie ihr, was ihnen passiert und wie voll Angst sie die Nacht verbracht. Kopfschüttelnd hörte sie zu und gestand, daß solche Erscheinungen ihnen hier im Hause nichts Fremdes wären; auch habe ganz vor Kurzem sogar ein Doctor der Gelehrsamkeit sich lustig gemacht über ihre Gespensterfurcht und habe in diesem selben Zimmer geschlafen, um selbst zu sehen, um was es sich eigentlich handele.

Doch mitten in der Nacht sei er aus der Stube gelaufen und habe es hier nie wieder versucht, die Natur der Geister zu ergründen!

Der rothe Fleck

An sumpfiger Stelle, wo sonst nur Weiden stehen, stand eine schöne große Eiche und um diese herum wuchs üppiger Busch, unter welchem einst zwei Arbeiter sich ausruhten, da hörten sie, daß hinter ihnen im Busche Jemand saß, der mit Geld klimperte.

In den beiden Männern erwachte gleichzeitig der böse Geist, sie überfielen den Handelsmann, erschlugen ihn, nahmen die kleine Baarschaft an sich und warfen seinen Packen in die Elbe, die Leiche aber verscharrten sie im Busche.

Als sie noch mitten in diesem verbrecherischen Werke waren, flog eine Schaar wilder Enten schreiend über sie hinweg und der sterbende Mann erhob seine Hand zum Himmel und rief sie an, zu Zeugen der That. Viele Jahre hindurch blieb der Mord unentdeckt aber an der Stelle, wo er verübt, wuchs seit der Zeit ein blutrothes Kraut und den Platz nannte man nun "den rothen Fleck", den selbst die Pferde, wenn sie zur Weide getrieben wurden, scheuten und mit den Hufen scharrten, wie sie es immer thun an Stellen, wo unschuldig Blut vergossen ward.

Der eine der Mörder hatte sich später verheirathet, während der andere noch als Knecht auf einem Hofe diente; beide waren alt und grau geworden, doch hielt Jeder sie für brave ehrliche Leute.

Da begab es sich eines Tages, daß Jener mit seiner Frau spazieren ging und sie dabei unvermerkt in die Nähe des rothen Fleckens kamen. In diesem Augenblicke kam auch der Knecht, um von der Weide sich ein Pferd zu holen und wie er am Busche vorüber streift, fliegen schreiend viele Enten auf.

Tödtlich erschrocken sehen beide Männer sich einige Minuten starr an, sprachen aber nicht und der Knecht sucht weiter nach dem Pferde und die Eheleute gehen eine kleine Strecke weiter. Die Enten hatten sich niedergelassen, als aber alle Drei sich noch einmal in der Nähe des Busches begegneten, da flogen sie schreiend über sie wieder hinweg. Schon als die Enten zum ersten Mal so laut geschrien, hatte die Frau das Erschrecken der Männer bemerkt, jetzt bei dem zweiten Mal sah sie sie zittern und beben und hörte sie fluchen. Jeder Frage wich ihr Mann aus, doch sah sie ihn täglich stiller und schwermüthiger werden und in ihrer Sorge klagte sie einer Nachbarin ihres Mannes sonderbares Wesen und fragte sie um Rath, weil sie um seine Gesundheit sehr besorgt sei.

Doch der Nachbarin stiegen gleich böse Gedanken auf, sie hinterbrachte Alles ihrem Manne und dieser ging zum Schulzen des Dorfes, der an der Stelle im Busche nachgrub und gleich das Gerippe des Ermordeten fand. Die beiden Verbrecher wurden festgenommen und gepeinigt von ihrem Gewissen, bekannten sie jene That, die sie vor 40 Jahren begangen und so erlitten sie in Reue und Ergebung die ihnen vom Gericht zuerkannte Strafe.

Jene Eiche aber, die so vereinzelt im Busche unter Weiden steht, pflanzte man zum Gedächtniß.

Der Sonnenstaub

Während hier die wilden Enten die Verräther einer grausigen That wurden, so war es der freundliche Sonnenstaub, der so oft durch das Spielen von Milliarden kleiner Atome uns das Herz erfreute, der dasselbe schwere Verbrechen ans Tageslicht brachte, daß sich in unserem Lande fast zu gleicher Zeit abspielte und noch heute ist jedem Kinde der Fluch bekannt: "Der Sonnenstaub wird Dich verrathen!"

Die alten Jungfern

Die alten Jungfern haben nach ihrem Tode ein wunderlich Stück Arbeit, denn sie müssen, sobald die Sonne am westlichen Himmelsrand untergegangen ist, aus den abgenutzten alten Sonnen die Sterne zuschneiden und die verstorbenen alten Junggesellen müssen diese während der Nacht im Osten allezeit hinauf bringen, indem sie beständig an einer Leiter auf und ab steigen!

Das Ende der Welt

Hinter Büsum, sagt man, ist die Welt mit Brettern zugenagelt. Am äußersten Ende sitzt ein Riese, der hat die Sonne an einem Tau und windet sie jeden Morgen in die Höhe und jeden Abend hinunter! Andere Leute aber sagen, die Büsumer sitzen in ihrem Kirchthurme und haben die Sonne am Tau; sie bewahren sie des Nachts im Thurme und müssen sie des Morgens wieder in die Höhe stoßen!

Es giebt aber noch Andere, die behaupten, daß es bei Hamburg ein Dorf giebt, mit vielen gottlosen Leuten, die werfen mit ihren Taschenmessern, die an Bindfäden befestigt sind, nach dem Monde, ziehen ihn auf und nieder, schneiden ihn oft zurecht und von dem Werfen hat er die großen Löcher und die schwarzen Flecke!

Peter Muggel

Peter Muggel war ein kühner Räuber, der sein Unwesen in jener Zeit furchtlos trieb, wo Hamburg und Lübeck noch mächtig waren; endlich aber rafften die Behörden sich auf und schickten Soldaten nach ihm aus, welche, begünstigt durch ihre Uebermacht, sein Schloß plünderten und völlig zerstörten.

Peter war längst vorbereitet auf solche Möglichkeit und hatte deshalb seine Schätze in einer Höhle in einem Busche versteckt, in der er selbst wohnte und von der aus er mit seinen Gefährten die Räubereien kühner denn je betrieb. Vergebens waren alle Bemühungen der Städte, sein Nest zu entdecken, doch zuletzt gelang es; seine Leute vertheidigten sich tapfer, wurden aber sämmtlich im Kampfe getödtet.

Peter fürchtete jetzt, selbst in die Hände seiner Feinde zu fallen, wollte aber seine Schätze ihnen nicht lassen; in einer dunklen stürmischen Nacht vergrub er sie und rief zu der Arbeit den Teufel um seine Hülfe an. Der ließ denn auch nicht lange auf sich warten, er erschien in der Gestalt eines schwarzen Bockes, mit einem Lichte unterm Schwanz und befahl ihm Ort, Tiefe und Form der Grube und dann mußte Peter die Kostbarkeiten hinein legen. Bei dem hellen Schein des Lichtes war das Geschäft bald beendet, da setzte der Teufel sein Siegel drauf, das noch jetzt als ein glatter Stein zu sehen ist. "So", sagte nun der Schwarze, "willst Du oder ein Anderer den Schatz einmal wieder holen, so müßt ihr in eben solcher Nacht mit einem eben solchen Bock wie ich, der eben so leuchtet, kommen, aber ein weißes Haar des Bockes oder ein anderes Licht macht jede Arbeit umsonst!"

Da noch jetzt unverändert der Stein an derselben Stelle liegt, so ist der Schatz noch nicht gehoben, Peter Muggel aber ward zu guter Letzt doch in seiner Höhle im Schlafe überrascht und getödtet, und es jagt sein Geist oft auf seinem dreibeinigen Schimmel mit großem Getöse durch jene Gegend, die er unsicher macht und Jeder hütet sich, ihm zu begegnen!

Die Thränen

Eine arme Wittwe hatte ein einziges Kind, das sie über Alles liebte. Das Kind ward krank und starb; die Mutter war trostlos und grämte sich Tag und Nacht, und erst nach langem Zureden gestattete sie, daß das Kind beerdigt werden durfte. Nach einigen Tagen, als die Frau noch immer weinend nach der Koppel ging, um ihre Kuh zu melken, bemerkte sie neben sich ein kleines Mädchen in weißem Kleidchen, das ihr immer zur Seite blieb, wohin sie sich auch wendete.

Sie erschrak anfangs, erkannte aber bald ihr verstorbenes Töchterchen und sie sah, wie das Kind sich fortwährend bückte, um die Thränen, welche aus ihren Augen fielen, in ihr Händchen zu sammeln, die sie dann, die Mutter traurig anblickend, zum Munde führte und aufküßte.

Jetzt erkannte die Mutter, daß durch ihre tiefe Trauer sie dem Kinde im Grabe keine Ruhe lasse, sie kniete nieder, betete inbrünstig zu Gott und weinte nicht mehr! Von da an blieb das Kind fort.

Der heilige Hirsch

Ein ungeheurer Wald deckte einst den Boden in Holstein, wo jetzt Preetz und die Gründe des Klosters liegen. Dort jagte damals ein Graf von Orlamünde; ein edler Hirsch sprang auf und der Graf verfolgte lange das fliehende Thier, als es plötzlich unter einer großen Eiche stille stand und den Grafen so ruhig anblickte, als wenn es den Tod nicht fürchtete. Aber schon legte er an, um nach ihm zu schießen, als er ein goldenes glänzendes Kreuz zwischen dem prächtigen Geweih erblickte.

Da erkannte der Graf, daß es heilig sei, schonte seiner und ließ den Wald rings herum ausroden und baute ein Kloster, dem er reiche Einkünfte und große Strecken Land gab. Bis auf den heutigen Tag steht aber noch die heilige Eiche mitten im Orte vor der Wohnung des Klosterprobstes.

Der Apfel

Seit Erschaffung der Welt spielt bei allen Völkern der Apfel eine hervorragende Rolle, bald als Symbol, Attribut, Ehrenpreis und öfter auch als Ziel für einen Meisterschuß; aber auch als Zeichen der Weltherrschaft betrachtet man den Reichsapfel des deutschen Kaisers.

Daß noch heute im deutschen Volke der Glaube an die Bedeutung des Apfels nicht erloschen, bezeugen so manche abergläubische Gebräuche, so manche Sympathien, die allerlei Gebrechen beseitigen, oder gar die feste Annahme, daß er die Zukunft dem Menschen erfüllen kann. So kauft am heiligen Weihnachtsabend der Bursche sich einen Apfel ohne darum zu handeln, trägt ihn bis zum nächsten Morgen bei sich und wenn er dann zur Weihnachtsmette geht, ißt er ihn heimlich vor der Kirchenthüre und das erste Mädchen, das hierauf erscheint, ist ihm zur Frau bestimmt. Liebende beißen auch wohl einen Apfel an und senden ihn als stummen Liebesgruß der Auserwählten; daher die Redensart: "Er will nicht anbeißen!"

Das ausgeschlagene Auge

Ein alter Mann in Rostock hatte Geld in seinem Hause verborgen. Als er nach einiger Zeit es suchte und nicht wieder finden konnte, glaubte er, es sei ihm gestohlen und ging in seiner Aufregung zu einem Schmidt, der in solchen Dingen erfahren war, dem unbekannten Diebe ein Auge auszuschlagen.

Da machte der Schmidt einen Kreis, malte darin ein Auge, sprach leise einige Worte und schlug einen dreieckigen Nagel durch das Auge. In diesem Augenblicke hatte der Mann selbst sein Auge verloren; das Geld fand sich wieder, er hatte den Ort, wo er es verwahrt, nur vergessen!

So hatte das Söhnchen eines Anderen einen silbernen Löffel unter einen Schrank geworfen. Der Vater geht auch zu einem Schmidt und läßt ein Auge ausschlagen und das arme Kind mußte es büßen, wiewohl es unschuldig mit dem Löffel gespielt und an keinen Diebstahl gedacht hatte.

Die Riesen-Knochen

1364 ward auf Usedom bei Damerow, wo vormals Vineta gestanden, ein Walfisch gefangen, dessen Fleisch 360 Tonnen anfüllete. Die Rippen und Knochen wurden weit und breit in die Kirchen zum Andenken verschickt. Man findet dergleichen Alterthümer noch oft hier im Lande, welche die Sage für Riesen-Knochen ausgiebt.

Das Osterfest

In ferner Vorzeit wurde die heidnisch deutsche Osterfeier besonders festlich begangen, man verband damit den Empfang des Frühlings; wer das erste Veilchen fand, verkündete es jubelnd, man steckte es auf eine Stange und umgab es mit Gesang und Tanz.

Auch wer die erste Schwalbe sah, hatte, wie man sich ausdrückte, "den Mai gefunden" und erhielt einen Lohn. Wurden doch in Rostock die Thürmer angewiesen, den kommenden Frühlings-Herold, die Schwalbe, "anzublasen", wofür ihnen ein Ehrentrunk aus dem Rathskeller gereicht wurde!

Das Federn-Reißen

Fern liegt jene Zeit, wo im Dorfe an Winterabenden die jungen Mädchen mit ihren Spinnrädern sich in irgend einem Bauernhause versammelten, um die halbe Nacht hindurch unter Scherzen und Lachen beim trüben Schein einer qualmenden Oellampe fleißig zu spinnen oder wo die ganze Dorfschaft zum Hopfenpflücken sich zusammen fand und die alten Leute den jungen erzählten von Riesen und Zwergen, alle jenen Märchen und Sagen, die jetzt fast verschwunden und doch oft so tiefe Bedeutung hatten.

Auch fast eben so fern ist die Zeit des Federn-Reißens, das besonders in der Mark, Pommern und Polen eifrig gehandhabt wurde und erst um Weihnacht begann, weil dann die Gänse erst geschlachtet und verkauft waren. Die jungen Mädchen und Frauen, die sich vergnügt zu der mühseligen Arbeit einfanden, wurden zuerst mit Kaffee und Kuchen bewirthet, dann ward der Tisch mit einer Handvoll Federn bedeckt und um ihn herum tanzend, daß die Federn fliegen, singen sie: "Fliegt Federkens, fliegt, damit die Bäuerin kriegt das nächste Jahr die Betten voll, die die Aeltste haben soll." Nun gehts an die Arbeit und sind alle Federn gerissen, dann kommen die jungen Männer und man verzehrt gemeinschaftlich ein splendides Abendessen, dem ein lustiges Tanzen folgt, das bis zum frühen Morgen dauert. Aber ehe dieses Federreißen beginnt, giebt es zwischen Weihnacht und Neujahr ein großes Mahl, die Feder-Kost, an der ohne Unterschied auch die Aermsten theil nehmen und bedacht werden!

Längst haben Cultur und Maschinen die alten, durch die Voreltern geheiligten Gebräuche verdrängt, ob zum Besten der Menschen, das steht bei Gott!

Abergläubische Sprüche

Wenn die Hexen ein Gelübde thun, binden sie ihr Strumpfband an einen Stock.

In der Weihnachtsnacht geht der Teufel mit dem Fünfguldenbeutel umher und giebt ihn Dem, der ihm seine Seele verschreibt, zum Angebinde.

Wer in der Sylvesternacht mit brennendem Lichte in ein dunkles Zimmer geht und dort seinen Schatten ohne Kopf erblickt, der erlebt nicht das nächste neue Jahr.

Zur ersten Bitte einer Braut darf man nicht "nein" sagen.

Wehrwölfe kommen nie in ein Roggenfeld.

Die Träume des Morgens treffen am sichersten ein.

Wenn ein Ring von selbst zerspringt, giebt es einen Todesfall in der Familie.

Wenn man Betten zu einer Aussteuer stopft, muß man einen Zettel, auf dem ein frommer Wunsch geschrieben, mit hinein stopfen, das bringt Glück in die Ehe.

Wenn die Kinder mit ihren Zähnen wechseln und die neuen gar nicht zu kommen scheinen, so ist es gewiß, daß man sie, sind sie endlich da, behält bis in sein spätestes Alter.

Geht die Braut zur Trauung, so muß ein Geldstück in ihrem Anzuge eingenäht werden, sonst hat sie stets Mangel.

Kinder, die noch nicht rein aussprechen können, dürfen sich nicht küssen, sonst lernen sie nie deutlich sprechen.

Kinder, denen im ersten Lebensjahre die Nägel geschnitten werden, fangen das Stehlen an.

Die Weiden werden darum hohl, weil Judas sich an einer Weide erhängt hat.

Wo Geld ist, da ist der Teufel und wo nicht, da sind ihrer zwei.

Wer Alpdrücken hat, muß einen stählernen Gegenstand, etwa eine alte Scheere, in das Bettstroh stecken.

Man soll keine Pfauenfedern im Hause aufbewahren, auch keine Passionsblumen halten, beides bringt Noth und Sorge mit hinein.

Wenn man ein 4blättriges Kleeblatt findet, so muß man es verschenken, denn es bringt nicht dem Finder sondern dem Beschenkten Glück.

Wer morgens nüchtern den Kukuk rufen hört, wird nicht von einem tollen Hund gebissen.

Bei einer Taufe soll der Prediger der Thüre den Rücken zu kehren, damit der Segen nicht zur Thüre hinaus geht.

Nach der Taufe muß das Kind mit Taufkleid und Mütze zuerst in die Wiege gelegt werden, sonst bleibt der Taufsegen nicht sitzen.

Wenn bei dem Kindtaufsschmaus die Frau, die das Tischtuch abnimmt, dieses einem Gaste über den Kopf wirft, bei dem wird die nächste Kindtaufe gefeiert.

Beim Angeln darf man die Fische nicht zählen, sonst fängt man keine mehr.

Die Schätze in der Erde brennen in der Johannisnacht, wer sie haben will, muß aufpassen.

Mit einem noch nicht einjährigen Kinde soll man beim Regen nicht hinaus gehen, es bekommt sonst Sommersprossen.

Wenn ein kleines Kind viel in den Spiegel guckt, so wird es stolz.

Eine leere Wiege darf man nicht schaukeln, sonst bekommt das Kind einen unruhigen Character.

Wo Spinngewebe an der Stubendecke flattert, giebt es bald eine Hochzeit.

Geht einem Mädchen das Strumpfband auf, so denkt der Bräutigam an sie.

Das Waschen am Freitage bringt kein Glück.

Sonntagskinder können am Johannistage Mittags eine goldene Schüssel auf der Teufelsgrube in Rostock schwimmen sehen.

Wer Sonntags während des Gottesdienstes das Haar kämmt, kommt in die Hölle.

Wer am Feiertage eine verbotene Arbeit thut, muß sie nach dem Tode so lange fortthun, bis ihn eine mitleidige Seele erlöset.

Wenn es am Sonntag vor der Predigt regnet, regnet es die ganze Woche.

Alles Geliehene muß vor Sonnenuntergang wieder zurück gegeben werden.

Wenn man in der Neujahrsnacht Schlag 12 Uhr Kugeln gießt, treffen alle ihr Ziel.

Man muß in der Neujahrsnacht in die Krone oder Zweige eines Obstbaumes ein Geldstück legen, dann trägt er gut.

In jedem Wirbelwind befindet sich eine tanzende Hexe, man kann sie sehen, wenn man unter dem linken Arm darnach guckt.

Wenn man Wind machen will, so muß man einen Besen verbrennen.

Es befindet sich ein Schatz an der Stelle, wo der Regenbogen auf der Erde steht.

Fällt ein Butterbrod auf die Butterseite, giebts Regen.

Im Februar führen die Frauen das Regiment.

Stellt man sich in der Neujahrsnacht auf einen Kreuzweg, so kann man in den Himmel hinein sehen.

Ißt man am Neujahrstage Weißkohl, dann wird Einem nie das Geld knapp.

Man darf nichts verschenken, was eine gelbe Farbe hat, das bringt Verdruß, trennt die Freundschaft.

Begegnet Einem zuerst ein Kind, so bringt das Glück.

Wenn man mit einem Feuerstahl Feuer schlägt, weicht der Spuk aus dem Hause.

Dienstboten gehen, wenn sie umziehen, erst Abends nach ihrer neuen Stelle, sonst wird ihnen das Jahr zu lang.

Wer Besen verbrennt, verbrennt sein Glück.

Handwerkszeug darf nicht aufs Bette gelegt werden, das vertreibt die Nahrung.

Wer nicht rückwärts ins Bette steigt, bekommt Alpdrücken.

Während des Essens darf man die Beine nicht kreuzen, man bekommt sonst Leibschmerzen.

Wer beim Essen liest, wird gedankenlos.

Bevor man ein Brod aufschneidet, mache man mit dem Messerrücken ein Kreuz drüber, dann wird es dem Genießenden zum Segen.

Man soll nicht den Anschnitt an Reisende geben, sonst giebt man den Segen aus dem Hause.

Wer eine Katze todtschlägt, gewinnt keinen Proceß.

Macht das Vieh des Nachts im Stalle Lärm, so ist eine Hexe drin.

Wer eine Fliege durchwintert, erhält 100 Thaler.

Wenn es donnert, schieben die Engel Kegel und wenn es schneit, so klopfen sie ihre Betten aus.

Des Abends darf man nicht pfeifen, sonst tanzt der Teufel danach.

Bei Regen und Sonnenschein zugleich, stattet der Teufel seine Töchter aus.

Legt man vor der Geburt eines Kindes schon Geld für dasselbe zurück, so wird es ein Geizhals oder ein Dieb.

Vor der Taufe eines Kindes darf man nichts austheilen, sonst werden dem Kinde Schelmenstücke angethan.

Ein Kind, welches am Sonntag geboren ist, darf nicht am Donnerstag und ein Kind, was am Donnerstag geboren ist, nicht am Sonntage getauft werden, sonst kann es Geister sehen, so wie alles Uebernatürliche, was ihm im Leben begegnet.

Dem Täufling wird das Gewand verkehrt angezogen, dann kann ihm der Teufel nicht schaden.

Wenn ein Kind bei der Taufe Geld bei sich führt, wird es ihm im Leben nie daran fehlen.

Fastnacht muß auf dem Heerde gebacken werden, sonst tanzen die Hexen darauf.

Am Rupertstage (27. März) müssen die Bäume geschüttelt werden, dann kommen keine Raupen drauf.

Wenn am Grün-Donnerstage gewaschen wird, ziehen alle Gewitter von der Gegend weg.

Regnet es am ersten Ostertage, so wird das Land im ganzen Jahr nicht satt.

Die am Walpurgis-Abend (30. April) gelegten Gurken erfrieren nicht.

Nasenjucken bedeutet Fremde.

Wenn man einen Apfel schält, ohne daß die Schale zerreißt, bekommt man ein neues Kleid geschenkt.

Wenn man einen Apfelkern auf eine Gabel spießt und an das Licht hält, so wird der Wunsch, den man hat, wahr, falls der Kern mit lautem Knall verbrennt.

Findet man ein mit einem Loche versehenes Stück Geld, muß man es auf die Schwelle nageln, das bringt Glück.

Gestohlenes oder geliehenes Geld bringt beim Spiel Glück.

Fängt man ein Geschäft an, so darf man den ersten Käufer nicht gehen lassen, man muß Handgeld bekommen.

Wer früh Morgens singt, weint am Abend.

Wenn Einem von Perlen träumt, bedeutet es Thränen.

Wer einen Abwesenden belügt, bekommt Blasen auf der Zunge.

Wer lügt, hinter dem steigt der Rauch auf (brennt es).

Die gescheiten Leute haben Haare auf den Zähnen.

Wer während der Kirchenzeit lügt, hinter dem schlägt der Blitz ein.

Wenn Jemand mit gestohlener Tinte schreibt, wird sie roth.

Wischt die Hausfrau den Tisch mit Papier ab, geht der Segen zum Hause hinaus.

Wem die Zähne weit auseinander stehen, der kommt weit in der Welt herum, ehe er eine bleibende Stelle findet.

Löcher in den Taschen bedeuten eintretenden Mangel.

Wer Abends Stiefel schmiert, hat Unglück.

Unter den Tisch, woran Abends Leute sitzen, darf man nicht leuchten, das giebt Streit und Lärm.

Zur Strafe, daß die Biene am Sonntage nicht feiert, kann sie dem rothen Klee keinen Honig entnehmen.

Wenn Sternschnuppen fallen, schickt Gott einen Bothen.

Wo sich Einer erhängt hat, da entsteht Sturm.

Weshalb wünscht man dem Niesenden Gesundheit? Der Teufel hat ein großes Register, in dem die Namen aller Menschen stehen; darin liest er, wenn es schlechtes Wetter ist oder er Langeweile hat und jedes Mal, wenn er dabei den Namen eines Menschen ausspricht, muß der Betreffende niesen. Deshalb wünscht man ihm Gesundheit!

Ortsregister

A

Alt Besche 80, 81
Alt Gaarz 72, 73
Alt Strelitz 86
Ankershagen 66

B

Bahlenhüschen 22
Barnekow 40
Biestow 62
Blankenberg 31
Blankensee 92
Boizenburg 69
Brüel 54
Brunshaupten 78
Brüz 13
Buchholz 15
Büsum 105
Büting 85

C

Camin 100
Consrade 15
Crivitz 16, 17

D

Damerow 108
Damshagen 40
Dassow 53
Delmenhorst 24
Diedrichshagen 77
Dömitz 41, 42, 62, 63
Drewskirchen 50

E

Eldena 23

F

Fahrenholz 29
Friedland 68

G

Gädebehn 17
Gadebusch 5, 20
Galenbeck 47
Garwitz 91
Gnoien 32, 35
Godern 14, 19
Grabow 41, 42
Granzendorf 94
Grevesmühlen 27, 49, 50
Groß Rogahn 98, 99
Grundshagen 40
Gülzow 93
Güstrow 33, 35, 74, 96

H

Hagenow 23, 87
Hamburg 44, 105
Helm 23
Hohen Luckow 101
Holdorf 84

I

Ivenack 83

K

Kirchdorf 76, 78, 79
Kladow 17, 18
Kladrum 22
Kobrow 13
Kohsewitz 28

Koitzenow 61
Köln 30
Kritzow 17
Kulmbach 31
Kyritz 39

L

Leezen 13, 95
Lübeck 53, 105
Lübz 79
Ludorf 64
Ludwigslust 27

M

Malchow 34, 35, 38, 56, 91
Mechelsdorf 72, 73
Mecklenburg 11
Melkhof 23
Möderitz 58, 60

N

Neu Göhren 41
Neubrandenburg 12, 13, 37, 60, 68, 87
Neumühl 98, 99
Neustrelitz 30, 97

O

Osdorf 22

P

Parchim 91
Peckatel 14
Penzlin 66
Pinnow 5, 18, 19
Plassenburg 31
Plate 19
Poel 67, 76, 78, 97
Preetz 107
Prillwitz 6, 37, 38

R

Raben Steinfeld 15
Ratzeburg 5, 20
Rehhagen 17
Rieps 54
Röbel 64, 65
Rostock 31, 43, 44, 60, 61, 62, 78, 83, 108, 109, 113

S

Schlemmin 46
Schönberg 53
Schwerin
      5, 11, 14, 18, 22, 30, 43, 54, 57, 74, 75, 76, 81, 95, 98, 101
Silz 38
Sponholz 68, 69
Spornitz 15
Stargard 29, 45, 84, 92
Stavenhagen 12
Sternberg 42, 43, 50, 55, 56
Storbeck 17
Sülsdorf 53
Sülten 50, 54

T

Techin 33
Tessin 94
Thurow 63
Tramm 21, 22

U

Usadel 37

V

Vellahn 87, 88, 89, 90
Vietlübbe 79, 80

W

Walkendorf 94

Wanzka 29
Waren 66
Warin 31
Warlin 68
Warnemünde 44
Wesenberg 30
Wismar 11, 22, 50, 74, 81, 113
Wittenburg 23, 51, 52, 53
Wustrow 67, 72, 73

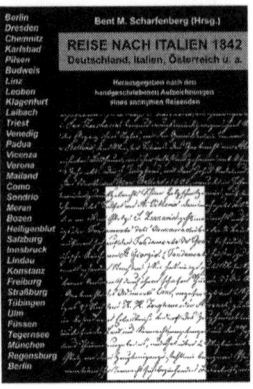

Bent M. Scharfenberg (Hrsg.)

REISE NACH ITALIEN 1842
Deutschland, Italien, Österreich u. a.

Herausgegeben nach den handgeschriebenen Aufzeichnungen
eines anonymen Reisenden.

Dem Buch liegt ein handgeschriebenenes Reisetagebuch aus der
Zeit vom 22.05.1842 bis zum 06.11.1842 zugrunde. Die
Wanderung begann in Berlin und führte u. a. durch das heutige
Deutschland, Tschechien, Kroatien, Italien und Österreich zurück
nach Berlin.

Aufgezeichnet wurde die Reise von einem anonym gebliebenen
Bäcker, der dem Manuskript den Vorzug verlieh, aus der Sicht
des „einfachen Mannes" geschrieben zu sein. Zudem besticht es
durch eine Ausführlichkeit in der Schilderung von Orten,
Sehenswürdigkeiten und Erlebnissen, wie sie nur selten zu finden
ist.

ISBN 3-8330-0722-2

Bent M. Scharfenberg (Hrsg.)

REISE DURCH EUROPA 1779-1781
Deutschland, Holland, England, Belgien, Frankreich, Luxemburg und Schweiz

Herausgegeben nach den handschriftlichen Aufzeichnungen eines Dieners des Herrn Otto Karl Friedrich Grafen von Schulenburg.

Dem Buch liegt das Unikat eines handschriftlichen Reisetagebuches zugrunde, welches eine Bildungsreise des Herrn Otto Karl Friedrich Grafen von Schönburg in den Jahren 1779 bis 1781 beschreibt.

Goethe hatte seine erste Italienreise noch vor sich und Napoleon seine Pubertät. In Frankfurt am Main gab es ganze 3.000 Häuser, wohingegen in London bereits 1.000 Lohnkutschen und 400 Portechaisen *[Sänften]* unterwegs waren. Man fürchtete Kaperschiffe, hängte Brandstifter in London und räderte Verbrecher in Paris.

ISBN 3-8330-0723-0

Bent M. Scharfenberg

ALS WIR NOCH KEINE SCHATTEN HATTEN
Aus dem Tagebuch eines Ungeborenen

Bis mich das Licht der Welt erblickte, hatte ich noch gar keinen Schatten. Als kleiner Fisch schwamm ich in meiner Mutti und war guter Dinge. Munter pappte ich Zelle an Zelle, ohne auch nur zu ahnen, dass ich mal eins von euch großen Tieren werden sollte. Ich genoss meine Zeit. Immer, wenn sie weg war, war wieder welche da, sodass sie nie alle wurde. Glaubte ich ...

Aber irgendwann wurde ich dann direkt in die Sonne geschmissen. Man klaute mir meine Nabelschnur und tauschte sie schnell gegen einen Schatten aus. Den sollte ich nun für den Rest meines Lebens mit mir rumtragen. Da ahnte ich schon ganz leise, dass meine beste Zeit vorbei zu sein schien und zog es erstmal vor, ausgiebig zu schlafen. Als ich wieder aufwachte, war mir ganz so, als ob ich noch träumte. Und ich merkte, wie schön es ist, wenn sich Traum und Wirklichkeit berühren. Nicht immer gelingt es, dabei zu sein. Aber man kann ja davon träumen. Und erzählen. Das will ich euch gern tun.

ISBN 3-8330-0721-4